岩波新书

德国史10讲

ドイツ史10講

さかい えいはちろう

[日]
坂井荣八郎
——著
龚娜
——译

中国工人出版社

目　录

第 6 讲　通往德国统一的道路

第 7 讲　德意志帝国的光与影

第 8 讲　第一次世界大战与魏玛共和国

第 9 讲　纳粹德国与第二次世界大战

第 10 讲　从分裂到统一的德国

第1讲

从罗马·日耳曼世界到法兰克王国

拉斐尔，《卡尔大帝加冕》

大事年表

9年[1]	条顿堡森林战役
90年前后	开始建设莱茵河、易北河间的莱姆斯防线（边境防线）
98年	塔西佗《日耳曼尼亚志》
375年	日耳曼民族开始大迁徙
395年	罗马帝国东西分裂
476年	西罗马帝国灭亡
481年前后	法兰克·萨利安族的首领克洛维成为法兰克人的王（墨洛温王朝）。克洛维在496年左右改宗天主教
719年	圣卜尼法斯开始德国传道（754年殉教）
751年	加洛林家的丕平成为法兰克王，开启加洛林王朝
772年	萨克森战争（—804）。丕平的儿子查理，平定北德的萨克森族
800年	查理接受罗马帝冠

1　公元纪年

1 德国史的黎明——以战场遗址为中心

“条顿堡森林战役”

近年来，日本在考古学上的发掘、发现接连不断，虽然其中也存在文物造假的丑闻，但还是突破了学界范畴，受到社会广泛关注。

德国的考古发掘情况如何，作为非考古学家的我并不是非常清楚，但近年德国发现了可与吉野里相媲美，甚至比其更具意义的遗址，即“条顿堡森林战役”的战场遗址。该遗址自塔西佗等罗马的史学家起流传至今，但具体方位不明，经过这次发掘及考古研究终于得到证实。

公元 9 年，罗马帝国正处于第一任皇帝屋大维的统治时期，被尊称为奥古斯都时代。此前，恺撒大帝已经将高卢（现法国）至莱茵河地区纳入罗马版图，奥古斯都则进一步进军征伐莱茵河以东的日耳曼尼亚地区。罗马军虽然东至易北河流域，但公元 9 年，瓦卢斯将军率领的罗马三军团在“条顿堡森林”遭到由切卢斯克族首领阿米尼乌斯所率领的日耳曼部落军队的突袭而惨败。瓦卢斯自刎身亡，罗马军团溃不成军。得知战败消息后，奥古斯都受到极大打击，据传他接连几天叫嚷着：“奎因克提里乌斯·瓦卢斯，还我军队！”经过这次战败挫折，他放弃征服莱茵河与易北河之间的地区，此即“条顿堡森林战役”。塔西佗将阿米尼乌斯称为“日耳曼尼亚的解放者”（塔西佗，《编年史》第二卷）。

“日耳曼尼亚的解放者”阿米尼乌斯

读者不难想象，塔西佗及其他提及这场战役的罗马史书，在 16 世纪初经由人文主义者传播到德国后，阿米尼乌斯作为击败罗马的日耳曼英雄受到广泛关注。如同古代日本的故事通过《后汉书》《魏书》等中国史书流传回日本一样，古代日耳曼世界的种种也通过塔西佗的《日耳曼尼亚志》等罗马史书流传回德国。“阿米尼乌斯”的形象并非形成于古代世界，而是通过近代人文主义在对罗马文物进行考证的过程中产生的，即近代的产物。但不管如何，近代以来仅在文学及戏剧创作领域，以人文主义者帝国骑士乌尔里希·冯·胡滕的《阿米尼乌斯》（1515—1520）为开端，出现了大量的阿米尼乌斯戏剧。

其中最受欢迎的是反拿破仑的爱国诗人海因里希·冯·克莱斯特的《赫尔曼战役》(1808)。赫尔曼是阿米尼乌斯的德语名，该剧以罗马来影射法国，在这场激烈反对拿破仑的戏剧面世之后，阿米尼乌斯以及赫尔曼在德国成为反对法国民族主义的象征。此后，德国于1841年在代特莫尔德市郊外（战场推测地之一）修建了“赫尔曼纪念像”，1875年落成，由其皇孙（后来的皇帝威廉二世）亲临揭幕。该纪念像由国民筹款和国会决议出资建成，象征着全体国民爱国主义，而更多体现的是军国主义色彩。然而时至今日，自军国德国在第二次世界大战中覆灭已经过了半个多世纪，现在只能说，该像是过去德国军国主义的反面纪念碑。

战场遗址的发现

无论如何，作为与德国国民史有如此之深刻关联的一场战斗，学者依然不断地探寻这个可能在某处存在的战场遗址，其过程就像是日本为发现邪马台国而付出的努力一样旷日持久。近年，该遗址终于被发现了，遗址位于德国西北部、以签订《威斯特伐利亚和约》而闻名的奥斯纳布吕克市向北约 20 公里，现称卡尔克里泽的山村地带。虽然这一地点偏离了条顿堡森林（以奥斯纳布吕克近郊为北端的带状山地），但恰好被夹在山地与沼泽地之间，与塔西佗的描述一致。

实际上，19 世纪的大罗马史学家泰奥多尔·蒙森曾推断出那场战斗的位置，然而支持这一说法的人却很少。1987 年，英国的一位业余考古学者曾在这里使用金属探测器发现了罗马的硬币。以此为开端，1989 年后发掘工作正式开始，大范围地发现了罗马时代的金、银、铜，以及武器、工具、人骨（皆为壮年男性，且留有伤痕）等。略去细节不谈，这些硬币全部是公元 9 年之前的物品（包括背面刻有"瓦卢斯"的物品）。这一细节成为决定性因素，使得条顿堡森林战役战场遗址正是此处的观点被普遍接受。如今，瓦卢斯战役已经广为人知，当地修建了纪念性博物馆和历史自然公园，并于 2001 年开馆。

英雄的神话化和脱神话化

虽说发现了罗马与日耳曼间著名的战争遗址，但是在如今的德国，或者说在以奥斯纳布吕克为中心的当地研究员之间，却让人丝毫都感受不到民族主义。这一巨大发现在日本也未能引起关注，同样是为了警惕民族主义的狂欢，这与如今德国的研究者、知识分子群体的立场不无关系。并且，从和我多少有些关联的当地学界的动向上，能够清晰地看出对阿米尼乌斯乃至于赫尔曼像“脱神话化”的变化。

阿米尼乌斯像的脱神话化，自然包括了其是如何被神话化的，以及人们根据其神话是如何运用到现实中的研究。正如 1914 年 8 月，第一次世界大战的开战之际，德意志帝国的皇帝威廉二世在“告国民书”的布告中，有一句话为众人所知，“现在，我不知道还有什么党派，我只知道大家都是德国人”。他在布告中还说道：“德意志，只要统一，就会不败。”这“统一”和“强大”的结合，与皇帝亲自出席、在代特莫尔德的“赫尔曼纪念像”揭幕仪式上向众人展示的长 7 米的巨大剑身上刻着的铭文“德意志的统一是我们的强大——我们的强大正是德意志的力量”交相辉映。不久之后，在柏林的席勒剧院，秋季戏剧季采用已经成为国民庆典剧的克莱斯特的《赫尔曼战役》作为开幕。据悉，演出结束后，从舞台传来法兰西战线的胜利消息，观众们全体起立，然后高唱“德意志、德意志，世界之冠的德意志”。作为在“神国日本”与“鬼畜美英”的合唱中成长起来的我们这代人，当然不难以理解。

对于德国人，“赫尔曼”常常是反罗马、反法兰西，拥有不死之身的英雄，但也会成为其他“神话”的俘虏。说得直接一些，赫尔曼成为英雄是在 19 世纪初，是在拿破仑解放战争时代克莱斯特塑造“赫尔曼”之后，与过去的赫尔曼形象不尽相同。读读 18 世纪的奥斯纳布吕克人士——尤斯图斯·默泽尔的悲剧《阿米尼乌斯》（1749）就能理解。默泽尔是被称为历史主义之祖的历史学家，也是极大影响了歌德的保守派社会启蒙家。

民族主义历史解释的危机

默泽尔创作的《阿米尼乌斯》同样基于塔西佗的论点，但其主题并不是日耳曼与罗马的战争，而是战争后日耳曼各部族首长间发生的内乱。阿米尼乌斯认为德意志帝国中小国林立是罗马控制造成的，他想成为德意志的君主，实现各部族、各国家的统一。但忠实于罗马的政敌吉·盖司特，看出这其中蕴藏着会威胁到“德意志自由”的专制危险。所谓的“德意志自由”是宗教改革后，各诸侯用来抵抗皇帝极权化的口号。在这个作品中，将阿米尼乌斯与“开明专制君主”相结合，浓墨重彩地描绘出 18 世纪德意志的时代特征。另外，阿米尼乌斯还将吉·盖司特的女儿抢来做妻子（同为塔西佗所传下的史料），二人激烈对立。吉·盖司特想要杀掉阿米尼乌斯，于是命令其子西伊斯蒙德去暗杀阿米尼乌斯。西伊斯蒙德被夹在“德意志的自由”和父亲的命令，以及对好友阿米尼乌斯的友情中，最终自杀身亡。阿米尼乌斯被捕后，恳请妻子来求情，最终被帮他解开绳子的吉·盖司特刺死。暂不评价作为戏剧作品的《阿米尼乌斯》，我对其中反映的18世纪的时代状况兴趣颇深。加之其本身就可以说是18世纪的时代写照，完全嗅不到一丁点反法兰西民族主义的味道。

进而言之，阿米尼乌斯实际上在法国也非常受欢迎。也许会有一些人觉得这非常意外，但塔西佗等学者留下的拉丁文化不仅属于德国，也是整个欧洲的共有财产，阿米尼乌斯由此成为“大众情人”。17世纪和18世纪，包括意大利和大不列颠，全欧洲上演了50种以上有关阿米尼乌斯的歌剧，大多都是爱情故事。

正如法国的启蒙思想家孟德斯鸠提出自由国家体制（被贵族身份限制的君主制）的起源是日耳曼的森林，日耳曼的自由含有批判波旁王朝专制的隐喻。因此，与默泽尔同时代的施莱格尔，以法兰西的大众情人“阿米尼乌斯”为基础，将主题改为“日耳曼的自由”，写下另外的“阿米尼乌斯”，该剧目在法国被重新改编，并于1772年在法兰西喜剧院上演。

通过观察，德国与法国文学界围绕着作为反法兰西民族主义的象征而被神话化的阿米尼乌斯进行国际文化交流。显而易见，历史文学主题的民族主义解构是如何一步步歪曲历史的，这也是为什么阿米尼乌斯的脱神话化甚至脱民族主义化受支持的原因。

欧洲中的德国

将阿米尼乌斯单纯看作日耳曼的解放者是对历史的误读，只能说是对阿米尼乌斯这一意象，或者说是单纯对文学史的看法，即使仅从德国史层面都不能这样说。一直以来，日本学界对德国史都是从德国及德国外（特别是从日本方面），从其优点与缺陷，从强调德国和西欧国家，特别是和法国的不同之处进行解读。也有一个时代是对比法国文明的柔弱性，大肆赞扬德国精神文化的雄浑。但在第二次世界大战后，风向突转，与法国作为民主国家的榜样性或与其“正常的”发展相对，德国成为走向“特殊道路”国家的观点被普遍接受。无论如何，德国和法国是具有对比性或者说是对立性的两个国家。当然，我并不认为这些观点全盘皆错，在进行对比研究中有着充分论据。但无论德国还是法国，从整体视角来看，它们都是在罗马帝国时代一起登上历史舞台的，以法兰克王国作为共同历史基础而发展起来的欧洲国家。所以我认为，在关注德国史时，再多加入一些“欧洲中的德国”的视角难道不会更好吗？

当然，我现在依然认为当代的德国和法国就像是车的两轮，合力推动欧洲整合、共同关注欧洲动向。刚刚过去的半个世纪前，两国燃起了激烈的对抗之心，互相憎恨、不断发动战争，而现今两国同心协力，以整合欧洲为目标。虽然欧洲地域广阔，又面对被美国和苏联夹在中间的国际状况作为二者合力前提，但如果两国没有这段同根的历史，恐怕也不可能实现。挖掘这种意识的根基，是历史学家应该研究的课题。

《德国史十讲》中，我会尽己所能地将德国历史置于欧洲史中论述。托马斯·曼曾说，“我们希望的不是德国的欧洲，而是欧洲的德国”，以这句话为口号的德国外相根舍（1974—1992年在任）推进了欧洲的整合，我也会将德国是“欧洲的德国”放在心头，努力将欧洲的发展与德国的发展相联系，来书写德国历史。当然了，也包括曾经想要征服欧洲的德国。具体我能做到多少，则是另外的问题。

❷ 罗马帝国时代的德国与欧洲

罗马帝国与日耳曼人

现在我们将话题转回古代日耳曼世界，以下仅对要点进行概述。

公元前 3 世纪左右，自北方波罗的海方面南下而来的日耳曼人诸部落将原住民凯尔特人赶走，定居在被罗马人称为日耳曼尼亚的莱茵河东岸，现德国西部。后来，他们越过莱茵河入侵欧洲西部的高卢。恺撒大帝将日耳曼人逼退到莱茵河边线，并将莱茵河左岸的高卢划入罗马属地，之后奥古斯都想进一步平定日耳曼尼亚，但是在条顿堡森林战役中受挫。这当然并非一次战役就能解决的问题，此后罗马也曾发起过几次军事行动，此处略去细节只说结果，罗马最终放弃了对日耳曼尼亚的直接控制并且撤军，之后一心放在加固莱茵—多瑙的国境线一事上。为防止日耳曼人入侵，罗马人在莱茵和多瑙之间修筑了绵延 550 公里，类似长城的边界线。从现波恩南部始到现雷根斯堡附近止，途中跨越美因河。

欧洲的三条边境线

从公元 90 年修建到 160 年的这条边界线，以加入木栅的土壕和土垒为基础，并不是像中国万里长城那样宏伟的工事，但即使这样它也有上千座监视塔，各个要地都布置着屯兵的堡垒。自然，沿莱茵河和多瑙河也建设了许多城堡，以及以城堡为中心的都市，莱茵河的科隆、波恩、科布伦茨、美因茨，多瑙河的雷根斯堡、帕绍，还有维也纳，都是起源于罗马的城市。这条莱茵—多瑙边界线，是将罗马世界与日耳曼世界分割开来的一条线。

奥地利的历史学家米特罗尔曾说过，关联思考中世纪欧洲社会构造的发展与地域空间时，脑中最好有三条边界线。第一条是罗马帝国北方的边界线，第二条是加洛林王朝法兰克王国的边界线，第三条是东西两个基督教世界的边界线。与其说这是他的卓识，不如说是大多数人共有的历史常识。莱茵—多瑙边界线作为第一条线，其西侧至南侧属于罗马帝国，仅看如今德国的地域，除了包括上述大多数起源于罗马的城市，还有位于莱茵河支流的摩泽尔河上游的古都特里尔，作为罗马帝国阿尔卑斯以北最大的宫廷、行政城市而发展起来的地区。现在的特里尔依然保留着古城门、竞技场、宫廷以及浴场等，让人们能够追忆昔日罗马的繁荣景象。

如今德国的一部分曾经经历过罗马化的时代，这条罗马—日耳曼的边界线究竟对德国之后的政治与社会发展产生了何等影响呢？虽说旧罗马领地内留有大量造福后人的公共设施，比如罗马遗留的路网、与旧罗马都市规划相结合的城市建设等，但可以说，它并没有影响到后世的社会构造。边界线并不能将罗马—日耳曼完全隔离，一旦有着人类参与，就一定会有物资交流，甚至可以说，375 年开始的日耳曼民族大迁徙直接将这条边界线踏平了。众所周知，罗马帝国从 3 世纪末开始实施分割统治，395 年分裂为东罗马、西罗马两个帝国。其间，西罗马帝国被民族大迁徙的浪潮所吞没。476 年，最后的罗马皇帝被日耳曼人的佣兵队长罢黜，罗马帝国凄惨灭亡。

日耳曼人的德国定居

日耳曼民族大迁徙的结果是该族群最终定居在现德国的土地上，导致这一结果的，除了从莱茵河右岸延伸力量并转移至高卢的法兰克族，还有阿勒曼尼（西南德）、萨克森（北德）、图林根（中德）、拜仁（东南德）、弗里森（北德沿海低地地方）等诸部落。

民族大迁徙时期，这些部族联合小的部族集团，大多组成了王国性的部族国家，其中也有像图林根族一样被其他部族所消灭而四散消失的部族，最终只留下了一个地名而已。将这些部族和现德国各地域的居民联系起来必须要慎重，不过现在的德国人及德语的源流是这些新定居的日耳曼各部族及其语言，而不是塔西佗时代的日耳曼人。例如，萨克森族选择复数的首长制而不是君主制，即使它强烈地显示出与塔西佗时代的关联性。另外，不管是部族的分布，还是现今德国与部族分布不无关系的方言地图，都不受边界线影响。

因此，若论德国历史与罗马帝国的关系，我认为比起强调如今德国的一部分曾是隶属于罗马帝国的领地，更为重要的是思想的传承。定居在德国土地上的日耳曼各部族曾被法兰克王国所包围，法兰克王国是后继罗马帝国的教会国家，或者说是公认的基督教世界国家。其作为基督教世界国家的意识，之后被以德国为中心的神圣罗马帝国所继承。

③ 作为教会国家的法兰克王国

法兰克王国与天主教教会

我认为此处无须再对法兰克王国建国及发展的历史进行详细叙述。5 世纪末的 481 年左右，墨洛温家族的克洛维征服了从莱茵河下游到现在的比利时以及法国北部这一辽阔区域的几个法兰克族部落，建立统一王国，克洛维成为“法兰克之王”。从那时起到 6 世纪初，他迅速将几乎整个高卢都收归到自己的统治之下。另外，克洛维在 496 年左右接受天主教（阿塔纳修派基督教）的洗礼，自此，法兰克王国和天主教结合。

墨洛温王朝治下的法兰克王国后来再次分裂，国家陷入动乱，期间加洛林家族作为法兰克王国东部领地——奥斯特拉西亚的宫相（即把握行政、财政实权的长官）积蓄力量，以实力统一了全法兰克。同家族的丕平（矮子）[1]于751年获得教皇的支持，驱逐墨洛温家族的王，自己登上王位并开创了加洛林王朝。作为得到教皇对其王位正统性认可的回馈，丕平征讨了威胁教皇的意大利伦巴第族，将夺回的拉韦纳赠予教皇（“丕平献土”），这就是意大利中部教皇领土的基础。之后，丕平之子卡尔[2]建立了将现法国、德国、意大利中部等地区几乎都纳入其支配下的大帝国。公元800年，卡尔由教皇加冕为“罗马人的皇帝”。

德国与法兰克王国

莱茵河以东的日耳曼各部族向法兰克的从属化自墨洛温时代开始，最后由卡尔完成，这也是这一地域的基督教化过程。基督教派向“德国”（假设可以在这里使用这种说法）传教，以宫相时代的加洛林家族援助为基础，之后由英格兰传教士圣卜尼法斯开启。圣卜尼法斯被称为“德国人的使徒”，以美因茨为据点致力于在德国各地布教，754年殉教。

1　丕平（714—768），又称矮子丕平，法兰克王国、加洛林王朝的创始人。——译者注。若无特殊注明，本书脚注均为译者注。

2　一译“查理大帝”，法兰克王国加洛林王朝国王（768—800），查理帝国皇帝（800—814）。

传教随着法兰克王国控制范围的扩大而推进，北德的萨克森族维护异教并抵抗到底，经过三十余年的“萨克森战争”，最终被武力平定，德国自此暂且完成基督教的教化。其过程极其血腥，4500名萨克森人俘虏被处以虐杀性刑罚。

其间，法兰克族以加强法兰克王权对德国地区控制的方式向德国移民，墨洛温时代起这一行动便早已开始。特别是从莱茵河中游沿美因河的移民规模之大，由此人为创造了被称为“东法兰克王国”的部族国家，成为法兰克控制德国的据点。

这样建立起来的法兰克大王国，其控制范围的东方由易北河及其支流萨利河，一直到波西米亚的森林，其边境就是之前提到过的米特罗尔说的欧洲第二条边界线，这也是当时的天主教—基督教世界的边界线。这意味着法兰克的控制区与天主教的传教区事实上形成一致，不仅如此，似乎还有更深一层的含义。

作为帝国的统治组织的教会

之所以这么说是因为在卡尔时代，支撑其统治的是教会。即使有着帝国之称，法兰克王国也并不存在从首都拓展到全国的统治系统。君士坦丁堡的东罗马帝国继承了罗马帝国的完善世俗统治组织，但西方帝国法兰克却没有，代替政治统治组织的则是教会组织。

当时的国王可谓“巡游之王”，需要在国内各地的王宫巡回以实施对国家的统治。卡尔晚年停留并且葬于亚琛的大圣堂，不过亚琛也并不是首都，只是国王数个王宫所在地之一。在各地召开的王国会议上，世俗的大贵族与主教及修道院长等高位神职人员一起参与立法、施政等国政事务。王国会议本身也具有教会会议的性质，会上也会决定与教会有关的事项。王宫礼拜堂的宫廷牧师负责撰写会议决议及王命文书，进行文书保管等公务。这是由于可以读懂并且书写拉丁语的几乎仅有神职人员，把这些工作交给他们成为必然。天主教会又是最为完善的全国性组织，国王的重要命令常常以大主教—主教—主教区内掌权者的教会途径传达。如此一来，就不难理解了。

虽说如此，教会与神职人员的第一任务仍然是传教，所以统治的任务无法完全交给神职人员。国家也有其统治组织和世俗的公务人员，具有代表性的就是伯管区（伯国）以及作为其管理者的伯爵。国王任命的伯爵有 500 名左右，他们拥有军事、行政、审判权，实施对管区的统治。日耳曼各部族贵族被任命统治当地，这毕竟与伯爵所在地的权力领主化相关联，可以说法兰克的统治组织就是利用教会统治与贵族统治相结合而成。国王统治全国的另外一根支柱是国王巡查使，通常由大主教、主教等神职人员与有权势的贵族组合而成。法兰克的统治并非只依靠神职人员，但如果没有神职人员，有很多问题明显无法得到解决。而且我认为，这已经超越了语言能力及组织能力这样的技术性问题，与更大的背景相关。

作为教会国家的法兰克王国

中世史史学家山田欣吾先生曾经意味深长地指出："我们所称的'法兰克帝国'这个国家，那个时代的人会理解为'教会'。教会并不是国家的补充，教会就是国家。所谓教会就是上帝之国（前辈三浦新七先生的著名翻译）。"正因如此，阿尔昆称卡尔是"所有基督教徒的控制者，所有基督教徒之父，是国王，是祭司"。阿尔昆受卡尔邀请以亚琛为中心指导学术，他是盎格鲁－撒克逊的神学者，推进了拉丁古典的保护与传承（即加洛林王朝的文艺复兴），他让皇帝的任务变为"让神圣的基督教教会不断受到神的慈悲相助，对外用武力保护教会不受异教徒的入侵和无信仰者的破坏，对内通过巩固天主教信仰达到安宁"。站在这样的立场上，我们就可以理解卡尔发起的萨克森战争等是对异教徒的"圣战”。或者可以说，卡尔对于萨克森人的残酷的处置等，展现了宗教战争以歼灭敌人为最高命令的性质。

山田先生尊为师长的增田四郎先生用“拥有皇帝和教皇两个中心的椭圆形”这种精巧的表达，将发源于法兰克王国的欧洲中世纪世界形象化。堀米庸三先生也经常使用相同的比喻，这里的皇帝与教皇，或者国家与教会的关系，既不是性质不同的两者间的对抗，也不是相互补充，而是教会即国家。进而言之，那就是最初的基督教世界，国家的宗教性质也被法兰克后续的国家所继承。其将会如何变化，将是下一讲的课题。

第2讲

神圣罗马帝国与欧洲

神圣罗马帝国皇帝的皇冠，为了奥托一世而制作

大事年表

843 年	《凡尔登条约》。法兰克王国被分割为东西法兰克和“洛林王国”
870 年	《墨尔森条约》。将洛林再次分割，形成了德意志第一帝国、法兰西王国和意大利王国的国界原型
911 年	东法兰克（德意志）的加洛林王朝灭亡，东西法兰克的分离
919 年	海因里希一世，开启萨克森王朝（—1024）
955 年	勒赫菲尔德战役，奥托一世击退马扎尔军
962 年	奥托一世加冕为罗马皇帝，神圣罗马帝国开始
1024 年	开启康拉德二世萨利安王朝（—1125）
1076 年	叙任权斗争的开始（1077，“卡诺莎之辱”）
1122 年	沃尔姆斯的协约，叙任权斗争的终结
1138 年	康拉德三世，开启霍亨斯陶芬王朝（—1208，1215—1254）
1152 年	腓特烈一世即位（—1190）
1180 年	驱逐狮子海因里希
1215 年	腓特烈二世即位（—1250）
1220 年	《与教会诸侯联盟》（1231《有利于诸侯的法令》）
1254 年	“大空位时期”开始（—1273）。德意志进入诸侯割据的时代
1282 年	“西西里晚祷”。安茹伯查理之地中海帝国梦碎

❶ 德国伊始

法兰克的分裂

上一讲提到了卡尔大帝统一的法兰克王国既是一个教会国家，又是当时具有基督教性质的欧洲本身。但是，法兰克王国的统一状态并没有延续很长时间。

当时还没有形成统治权由长子继承的制度，路易一世（虔诚者）[1] 虽然继承了卡尔大帝的统治权，但路易一世的子嗣却为争夺继承权而争斗。通过 843 年的《凡尔登条约》和 870 年的《墨尔森条约》等，法兰克王国被分割为东、西法兰克，以及包括意大利的中央法兰克“洛林王国”三部分。之后，中央法兰克北部被东、西法兰克所夹的部分（洛林）

1　即路易一世（778—840），法兰克国王、罗马皇帝。

被东、西法兰克瓜分。大致来说，现代德国、法国、意大利的疆域原型已经出现。另外，洛林以外的中央法兰克南部在这个过程中，从南法罗纳河到现在的瑞典，也被划分为勃艮第王国（也被称为阿尔勒王国）和意大利王国。此后不久，勃艮第和意大利两个王国以纳入东法兰克（德意志）帝权控制下的形式，形成了“神圣罗马帝国”的控制圈。虽然稍有一些复杂，还是希望您可以将“勃艮第”这个名字留在记忆中。

接下来我们说说德意志的起源东法兰克，在这片地域定居的各个部族在加洛林王室的统治下被分为几个公国，由王室成员或者是与王室有姻亲关系且具有一定实力的贵族接受国王委托进行统治。公国主要有萨克森、法兰克尼亚、巴伐利亚、洛林等，从其称呼不难看出其与旧部族国家的联系。但是其性质比起民族意义上的部族结合，更接近行政统治单位。他们的统治者是“公爵”，日语中则称为“大公”或者“公”（中世史常被定义为“大公”，而在近世史中是“公”。虽说叙述时应根据历史上的实际变化，但从通史叙述角度很难以区分这两种译法，请允许我在本书中将“公爵”译为“公”[1]），总而言之，东法兰克王国的各个公国和之后德意志的地域几乎重合。

1　本书尊重原作者的学术观点，后文中不再对相关称号等进行修改。——编者注

帝位的继承

被分割为三部分的法兰克王国依然延续着加洛林王朝，其间，罗马帝国的皇位曾一度传给洛林王国，此后又在意大利和东、西法兰克之间几经辗转。随着915年成为意大利皇帝的贝伦加尔在924年驾崩，最终消亡。东法兰克加洛林王朝于911年结束，西法兰克的加洛林王朝统治持续到987年。西法兰克王朝治下还有部分人产生过再次统一东西的意向，但东部公国的控制者最终选择了法兰克尼亚公康拉德成为自己的王，自此东法兰克和西法兰克分道扬镳，走上了一条各自独立的道路。

按照康拉德遗嘱继承皇位的，是与其毫无血缘关系但是有实力的萨克森公海因里希一世[1]，其长子——萨克森王朝第二代的奥托一世[2]于962年在罗马加冕为皇。之后虽然历经诸多曲折，但其王朝统治一直持续到1806年，这也就是所谓神圣罗马帝国的开始。但奥托的帝权无论在名目上还是意识上，始终是卡尔大帝的法兰克——罗马式帝权的复兴，而

---

1 一译“亨利一世”（捕鸟者），德意志王国国王（919—936），德国历史上萨克森王朝的奠基者。

2 一译“鄂图一世”，亦即“奥托大帝”，海因里希一世的长子，德意志国王（936—973），神圣罗马帝国皇帝（962—973）。

不是新的帝权。

13 世纪中期之后，后来普及的“神圣罗马帝国”这一名称开始正式使用，到了 15 世纪末之后，也称其为“德意志民族的神圣罗马帝国”。这并不意味着德意志就等同于神圣罗马帝国，也不意味着德意志民族是神圣罗马帝国的统治者。比起代表德意志，它更像是属于欧陆的国家，其控制地域不限于德意志，还涉及意大利王国和勃艮第王国的一部分，现在学界的共识是神圣罗马帝国单纯指德意志王国部分。神圣罗马帝国之后确实丧失了对意大利和勃艮第的控制权，其控制领域实质上被限定在了德意志。因此，18 世纪后经常被称作德意志帝国。到了这一时期，德意志确实已经部分等同于神圣罗马帝国了。若追溯古代，认为神圣罗马帝国从最初便是德意志人的国家，那就是最大的误解了。即使是奥托的时代，也并没有德意志人的认知存在。

“德意志”的起源

其实，“德意志”“德意志人”这两个词汇的基础是表示“民众的”拉丁语形容词“Theodiscus”，还有就是用作与它有相同意思的“Teutonicus”（这个词是英语“Teutons”的词源）。这个词与居住在阿尔卑斯以北，也就是现德国的人们有关联。意大利首先使用，德意志人的祖先接受这个词用以表示自己是在 10 世纪末期。11 世纪，与该拉丁词汇相对应的古德语“Teutiscus”也出现了。

当然，那时还没有出现“德国”这一词汇，但即使这样，东法兰克的各个公国，至少他们的统治层通过国王选举等共同的操作，与西法兰克、意大利、勃艮第分属于不同的政治共同体，培育着某种共属意识。由公国的权势贵族来选举国王始于何时众说纷纭，我也无法判断，姑且不论选举程序是否完善，但可以看出“国王人选由权势者共同决定”的观点在相当早期就已形成。

以萨克森王朝初代的海因里希一世为例，他于 919 年接受上一任国王康纳德的遗言，当初只凭借萨克森和法兰克尼亚两个公国的支持便被推举为国王。也源此，巴伐利亚公自封为王的事态发生，但海因里希通过各公国掌权者协调——也有部分使用武力——将这一难局破解。之后，为了让长子奥托成为继任者，他进行了几次国内巡游，事先获得各公国统治者的同意。同时，他还建立王位单独继承的原则，从而开启了王国不可分割继承的开端。

就这样，在“德国”这个词还没有出现之前，这一地域的政治整体性以从公国到王国的方式，逐渐开始成形。

❷ 初期中世纪帝国的建立

奥托的治世

萨克森王朝的奥托一世于936年即位东法兰克国王，在平定国内叛乱的同时，于955年在奥格斯堡附近的列希菲德的会战中决定性地打败了当时不断从东方侵入的亚洲系马扎尔人，这场战役是基督教世界防卫的巨大成果。马扎尔人战败后定居于多瑙河中部流域的匈牙利平原，皈依基督教。奥托又在东方边境的易北河中上游设置军事殖民地边境区，然后将这个区域托付给边境伯，加强了对斯拉夫系异教徒的防卫体制。之后，他将不来梅和马格德堡的大主教座作为布教的基地，致力于向北方、东方、丹麦及斯拉夫各民族传播基督教。

其后，奥托远征意大利并实质取得意大利控制权，于

962 年在罗马进行皇帝加冕，当时他已经成为名副其实的西方基督教世界的指导者。自奥托后，德意志国王等同于罗马皇帝经过事实的积累成为传统。但西方基督教世界最高等级的君主这个地位，德意志以外的君主、王族也能够被选中，实际上也有非德意志人成为候补、被选为对立国王的例子。即使是德意志的国王，原本也是要通过罗马教皇的加冕才能够成为皇帝。严格地说，统治者作为国王的在位时间和作为皇帝的在位时间不同，但本书为了避免烦琐的说明，之后提到的大部分德意志国王都等同于皇帝，还请各位知晓。

贵族势力与教会

之前已经提到过，奥托一世的帝权基本上和卡尔大帝相同，其统治灵活借用教会力量这点也相同。但是，与卡尔时代除此以外没有其他的方法相比，可以说奥托是将世俗的大贵族势力作为对抗势力，主动并且积极地利用了教会。

奥托亲自对公国的统治者行使任免权，对于在他们层级之下的地方统治者，比如伯、边境伯，认可其事实上的世袭制，以封赏授予并保证他们的领地及支配权；另外，通过让他们宣誓对国王的忠诚及侍奉（这就是封建—领地制的关系），对国家进行统治。但是地方统治者世袭，其权力会越来越牢固，难免会产生背离王权的倾向。对此，可以成为“平衡锤”的就是教会。

奥托治下教会组织的中枢主教座和大修道院是“王国教会”，通过赠予土地（包括耕种土地的农民）及给予各种特权，得到王室的优厚待遇。由此，王国教会成为当地的最大权力者。神职人员与世俗的诸侯不同，他们无法结婚，权力也无法世袭，再加上国王掌握着神职人员的任命权，王国教会便能够作为国家的统治机构加以利用，这就是王国教会政策。以海因里希一世为始，一直到奥托一世、奥托二世、奥托三世，被称为“奥托王朝”的萨克森王朝（919—1024），直到接下来的萨利安王朝（1024—1125），这一政策被继承下来，是王国统治的基本政策。

萨利安王朝

1024年萨克森王朝灭亡，延续了奥托大帝女儿血脉一线的法兰克尼亚公康拉德二世开创了萨利安王朝（也称为法兰克尼亚王朝）。到1125年持续了近百年的这个王朝，前半期极其兴盛。康拉德在重新确立了一度有些动摇的意大利统治权的同时，通过继承协议获得了勃艮第，充实了神圣罗马帝国的领土，实现了德意志、意大利和勃艮第的结合。

之后的海因里希三世[1]除了将捷克人的波西米亚王国收入神圣罗马帝国皇帝的统治之下，与其建立了封建主从关系外，还远征意大利，控制了教皇厅因被贵族诸家门的斗争所利用而立了三位教皇所造成的混乱，立下自己选择的教皇，并由这位教皇执行了皇帝加冕仪式。当海因里希三世介入腐败、混乱的教皇厅插手教皇任命之时，他借着发起于10世纪法国勃艮第的克吕尼修道院整风运动潮流，将甚至影响了德意志教会的这种运动的精神付诸切身行动。通过改革，教皇厅的混乱得以控制，但改革运动逐渐转向皇帝的教会统治。这一时期，事态发生了很大的转变。通过皇帝的主教叙任被认为是“圣职买卖”而遭到抨击，这一批判不仅动摇了皇帝与教皇的关系，还动摇了皇帝的王国教会政策基础。

叙任权斗争与《沃尔姆斯宗教和约》

由此产生的皇帝与教皇的对立，伴随着皇帝海因里希四世[2]的“卡诺莎之辱”[3]（1077）这个戏剧性的事件，继而发展为

---

1 一译“亨利三世”，德意志国王（1039—1056），神圣罗马帝国皇帝（1046—1056），康拉德二世之子。

2 一译“亨利四世”，德意志国王（1056—1106），神圣罗马帝国皇帝（1056—1106；1084年加冕），亨利三世之子。

3 德意志国王海因里希四世为了祈求罗马教皇格列高利七世取消开除他的教籍的

"叙任权斗争"。这是围绕主教等高职位神职人员的任命权是握在皇帝还是教皇手上的一场斗争。就像大家知道的那样，下一任的海因里希五世[1]与教皇特使签订了《沃尔姆斯宗教和约》[2]（1122），通过协商解决了这场争斗。在这里，我会略去细节之处，只是谈一谈我所理解的这一结果对德国史究竟意味着什么。

简单地总结这一和约内容，其实就是从原则上区分作为精神管理者的主教叙任，与作为司教国统治者的主教的世俗权力授予，规定前者只能由教皇、后者只能由皇帝执行。皇帝放弃了主教的叙任权，主教在拥有精神统治权的同时，还获得了统治大片领地的世俗权力，而授予这项世俗权力是皇帝的特权。通过这样的授予，皇帝与主教结成封建主从关系。德意志外的国家及地区（意大利、勃艮第），教皇先对

决定，前往意大利北部卡诺莎城堡做了一次屈辱的朝圣。海因里希四世为了请求教皇宽恕，被迫于1077年1月越过阿尔卑斯山到达卡诺莎，身穿悔罪者的衣服，在城堡下等候了三天，才得到教皇的赦免。从此，"卡诺莎之辱"就成了屈膝投降的代名词。

1 一译"亨利五世"，德意志国王（1106—1125），神圣罗马帝国皇帝（1106—1125；1111年加冕），亨利四世之子。

2 《沃尔姆斯宗教和约》指1122年9月罗马教皇卡利克斯特二世与神圣罗马帝国皇帝亨利五世在沃尔姆斯城（今德国）签订的协定。规定：德国的主教不再由皇帝任命，而由教士选举产生，但皇帝有权出席选举会议，并在出现意见分歧时有权进行干预；当选主教先由皇帝授予世俗权，然后再由教会授予宗教权；在意大利和勃艮第，皇帝则无权干预主教选举，而授予主教世俗权应在授予宗教权以后六个月才能举行。

主教进行叙任；与此相对，德意志皇帝先对主教的世俗权力进行授予。德意志的主教选举在皇帝的面前进行，皇帝对选举的实质性参与是被认可的。总而言之，教皇与皇帝分摊神职人员的叙任权（叙阶）与世俗权力的授予权（授封），权力行使的优先权可以协调为地方分摊，那么这对于德国史究竟意味着什么？

第一，教权与俗权原则上分离，在卡尔大帝及奥托大帝时期，二者是完全一体或说是被认为内在统一的。皇权被剥夺神权性使其变为世俗权力，作为有着两个中心的椭圆形世界的中世纪欧洲世界，有了和之前完全不同的意义——以此为始，欧洲世界有了“圣”与“俗”两个独立的中心轴，也就是认知性常识不得不被重新建构了。

第二，重新建构认知时，德意志与德意志以外、阿尔卑斯以北和以南这样的地域区分，有了前所未有的重要意义，德意志王国一词也开始正式使用。另外，在德意志，国王——也就是说皇帝——拥有影响主教选举的力量，并且实质上继续保持着对王国教会的控制力。

第三，姑且不论其实际影响力，皇帝在理论上失去了主教叙任权。由此，国王与主教们的关系同日后国王与世俗诸侯的关系相似，以司教国的授封为核心，被重新建构为封建—领地制的主从关系。

这里提到的“诸侯”，指的是“公”“伯”“边境伯”等，各种官职与特权都可以世袭并将其视为己物，侵犯国王的筑城特权建设城郭，以该城为中心修筑独立的领域控制范围的各地权势贵族。促使这些德意志诸侯相对于皇帝而自主化、封建领主化的因素，是第四个需要留意的点。海因里希四世之所以能够忍受“卡诺莎之辱”并让教皇解除了破门律惩罚，是因为他如果不这样做将无法避免诸侯的反叛。向海因里希五世施压让其与罗马签署妥协的《沃尔姆斯宗教和约》，也是那些希望与教皇间和平共处的诸侯。国王—皇帝自身想要获得对意大利远征的协作，或者迫于为了国内稳定的需要，给予贵族特权从而培养起地方权力。如果无视这些日后成为“联邦国家”基础的诸侯权力，也不会实现之后的德意志的统治。在地方封建权力中，不仅是世俗诸侯，圣界诸侯也包括在内。

第四，围绕叙任权，教皇权与王权的对立或妥协不单单是德意志所面临的问题。以《沃尔姆斯宗教和约》为先例，1107 年，英国和法国也缔结了内容基本相同的协议。《沃尔姆斯宗教和约》可以说是在整个欧洲范围内解决问题的方法。

❸ 帝国的扩张与意大利政策

斯陶芬王朝

萨利安王朝于1125年灭亡，帝国有权势的诸侯姑且选择了萨克森公洛泰尔为国王，洛泰尔死后，又选择了曾是其竞争对手的士瓦本公斯陶芬家的康拉德（1138）为国王，自此开启了斯陶芬王朝。虽然在王位的传承过程中有一些小小的混乱，但它依旧是被称为“红胡子（巴巴洛莎）”的腓特烈一世[1]（1152—1190年在位）、海因里希六世[2]（1191—1197年在位），也是西西里国王腓特烈二世[3]（1215—1250年在位）

1 一译“弗里德里希一世（红胡子）”，德意志国王（1152—1190），神圣罗马帝国皇帝（1155—1190）。

2 一译“亨利六世”，德意志国王（1169—1197），神圣罗马帝国皇帝（1190—1197；1191年加冕），腓特烈一世（红胡子）之子。

3 一译“弗里德里希二世”，德意志国王（1212—1237），西西里国王（1198—

等著名皇帝辈出的盛世王朝。从其统治区域来看，不仅是德意志，还包括勃艮第和意大利。这一时期是最能从实质上满足神圣罗马皇帝权力要求的时代。

腓特烈一世与勃艮第公主比阿特丽克丝结婚，守卫住了通向意大利的道路，守卫住了国家。他还六次远征意大利，想要以武力压制意大利。皇帝对意大利的统治遭到教皇以及结为伦巴德城市同盟的意大利北部各城市的激烈抵抗，即使如此，皇帝的权力也未受压制，他作为德意志、勃艮第、意大利三国国王，成为第一位正式举行三次加冕仪式的皇帝。这位不停地与教皇争斗又与教皇和解，亲自率领十字军踏上远征路途的红胡子皇帝，最终因意外事故——在土耳其的一条河流中溺亡——而丧命。腓特烈一世生前让其子海因里希六世登位德意志国王的同时，还让其与诺曼人的西西里国王罗杰二世的女儿康斯坦丝结婚。

海因里希为斯陶芬家族带来了西西里的王冠，其子弗里德里希继任皇帝后，史称腓特烈二世。他企图将西西里和德意志一体化，成为斯陶芬家族的世袭帝国。腓特烈二世没能成功实现这一霸愿，西西里王国在腓特烈二世的时代与之前的诺曼时代一样，是止步于罗马教皇的封主权之下的国家

1250），神圣罗马帝国皇帝（1220—1250），腓特烈一世（红胡子）之孙，海因里希六世之子。

（由教皇作为封赏而授予的国家），并没有进入神圣罗马帝国的正式版图。但其统治的实情，可以从“选择罗马人的王腓特烈成为西西里国王是神的恩宠”这样充满赞美语句中体现。腓特烈二世在伊斯兰与基督以及拉丁的文化混合的地中海王国西西里的巴勒莫建造宫廷。由于他没有响应教皇的十字军东征要求，被二次开除教籍，但结局是他回到圣地，并且被加冕为耶路撒冷王。在这位通晓六国语言、被称为“最初的文艺复兴者”的混血皇帝领导下，神圣罗马帝国的帝权达到顶峰。

帝国统治的实情

按照当时的统治技术可能不得不说，斯陶芬家族统治下的大帝国，其疆域超乎常理的辽阔。当然，如果仅限于西西里王国，这个国家确实是一个在当时情况下官僚制发展格外完善的国家，已经将专门的官员层级性地组织起来。但若想将西西里的官僚制从意大利到德意志王国推行，从当时的交通情况、通信技术角度来考虑根本不可能实现。德意志自叙任权斗争以来，形成有实力的诸侯与国王同时负责国家的体制。对于德意志国内来说，斯陶芬家族中诞生的国王本就不是有压倒性力量的存在。

腓特烈一世即位时，斯陶芬家族的领地仅限于其出身地的西南德意志的士瓦本。实力上作为其竞争对手——韦尔夫家族的萨克森公海因里希“狮子公”[1]还要更胜一筹。腓特烈即位之时准许了狮子公的要求，必须授封萨克森的拜伦。

但是回过头来看，可以说正是因为腓特烈一世在国内的权力地位如此脆弱，他才积极地实施了意大利政策，将在地理上挨着士瓦本的勃艮第以及意大利纳入自己的控制之中，让这片地区以整体形式成为自己的权力基础。为推进意大利政策各诸侯的支持必不可少，在他们的合作中有必要回顾相应事件。

1180 年，腓特烈一世以反对派控诉狮子公为契机，将其定下谋逆罪并处流放，褫夺原属狮子公封地的萨克森和巴伐利亚两个公领地，这一举动令腓特烈最大的竞争对手丧失了权力，但仅仅这样还不能使反斯陶芬的韦尔夫派彻底丧失势力。因为韦尔夫派与在意大利和皇帝争斗的罗马教皇结成一体，反而势力更盛。皇帝派和教皇派所争夺的北意大利各城，皇帝派被称为吉伯林（Ghibelline），教皇派被称为圭尔夫（Guelph），圭尔夫是韦尔夫的方言称法，吉伯林则来源于斯陶芬家族的城池名称。

1　一译“亨利（狮子）”，萨克森公爵（1142—1180），巴伐利亚公爵（1156—1180）。12世纪德意志极有权势的王公。

重组为封建国家

德意志在狮子公的领导下扩大了其统治领域，萨克森以及巴伐利亚被分割。扩展到北德意志的萨克森西半部分成为威斯特伐利亚，巴伐利亚的核心地区则封与维特尔斯巴赫家族。德意志王国自身的面积相对过去减小，以公领地、边境贵族·宫中贵族领地等地方权力及诸侯领地构成的政治体形式重组。

腓特烈一世一方面以封建领地制度形成主从关系以控制帝国诸侯，另一方面承认诸侯在各自领域内的统治权。沿袭其统治方法的有腓特烈二世时代的《与教会诸侯联盟》（1220）、《有利于诸侯的法令》（1231），通过这些协定，圣俗的帝国诸侯们所拥有的货币铸造权、关税征收权、审判权等原本属于国王特权（Regalia）的权力被认可与保留。

所谓封建国家，就是在国王不具备直接统治国家整体领域条件的时代，与各个地方的独立统治者的诸侯建立封建制的主从关系，也就是以统治者之间人格上的主从关系为轴心，对国家进行治理的系统。对于能在哪种程度上控制反叛的诸侯，根据国王的个人权威和王权实力各有不同。斯陶芬家族的皇帝将德意志一大半的统治都交给了诸侯，但终归也是用封建领地制度的逻辑进行国家治理。假如这一家族的王朝覆灭，事态便会出现新的变化。

腓特烈二世于 1250 年去世，之后仅仅四年间，其家族血统断绝，斯陶芬家族从德意志到意大利西西里的地中海大帝国被一举瓦解。之后进入无论是谁被选为德意志国王，都不能被认定为正统的时代，史称“大空位时期”。到 1273 年由罗马教皇敦促选择哈布斯堡家族的鲁道夫成为国王，德意志诸侯都没能选出自己的国王。诸侯的独立性在这期间得到了决定性的加强，之后的德国史从皇帝的时代进入诸侯的时代。

④ 理解中世纪世界

关于皇帝的意大利政策

中世纪的繁盛时期是德意志国王作为神圣罗马皇帝君临欧洲的时代，在某种意义上也是对德意志而言非常光荣的时代。但这个时代，德意志历代皇帝都追求“普遍帝国”的理念而沉浸于意大利政策中，忽视了对德意志本身的统治，诸邦分立体制产生。在探寻德意志“国民史”的 19 世纪，有历史学家提出，德意志形成国民国家晚于西欧诸国，究其根本是这一时代的皇帝因其意大利政策而带来的负面遗产。关于“皇帝政策论争”曾有过轰轰烈烈的论战，我并没有资格予以评论，但还是想说说以下的内容。

第一，卡尔大帝虽不用说，仅从将奥托一世之后诸皇帝的行为作为“德意志国王”进行评价的观点是有问题的，这些皇帝恐怕应该更多地被视为“欧洲的君主”去分析。

第二，斯陶芬王朝诸皇帝的政策，从当时地中海交易的财富优先流向北意大利诸城市国家的状况来看，制约北意大利进而把地中海交易要塞位置的西西里纳入统治下，作为欧洲君主的权力政策理所当然。

第三，想建设包括西西里在内以意大利为中心，连东罗马和圣地耶路撒冷也纳入势力范围普遍信仰基督教的地中海帝国这一美梦的，绝不只有腓特烈二世一人。腓特烈后，法国安茹伯查理也梦想着实现这一目标。

中世纪帝国的弥留之际

腓特烈二世去世后，教皇企图收回西西里王国的统治权，腓特烈的庶子曼弗雷德作为西西里王予以抵抗。因此，教皇先委托英格兰的王亨利三世讨伐曼弗雷德，但又忌惮亨利想趁大空位将自己的弟弟推上德意志王位置的野心。之后，教皇突然将这件事委托给了亨利的竞争对手——法兰西“圣王”路易九世的弟弟——安茹伯查理（查理·安茹）。查理迎娶了继承普罗旺斯的女伯爵为妃，获得沿着地中海通向意大利普罗旺斯的这一块伯爵领地。接受教皇委托的查理很快就击败并处死了曼弗雷德，将西西里王国收入囊中。教皇任命其为皇帝代理，他又支援了教皇的东西教会联合计划，压制亚得里亚海区域成为耶路撒冷国王。然后，查理回过头来又想让他的外甥——法兰西王腓力三世成为大空位时期后的神圣罗马皇帝。应该可以说是将神圣罗马帝国理念扩大到法兰西版图，极度彰显了中世纪宏大的帝国理念。

但是 1282 年，东有君士坦丁堡、西有整个勃艮第，来自两地的军事压制迫近，查理在西西里遭暗算。3 月最后一天的傍晚时分，在西西里的首都巴勒莫，发生了以“西西里晚祷”而知名的岛民反法兰西大暴动，此次暴动葬送了查理的西西里统治以及他的地中海帝国梦。“西西里晚祷是……将中世纪的帝国时代已经过去这件事，最终明朗化的事件”（堀米庸三著，《西洋中世世界的毁灭》）。

毋庸置疑，作为拥有皇帝与教皇“两个中心的椭圆形世界”的中世纪世界构造，其实不用等到西西里晚祷，早在 1250 年就已结束了。这两个中心比起协调更倾向于对立或者说对抗关系，真正以对等的立场推动历史发展并没能持续很久。但是在这个对抗关系中被确定的皇帝的意大利政策，与皇帝的意图不同，有时也是为了下一个时代播下发展的种子。像圭尔夫、吉伯林这样相互争斗的北意大利诸城市之后合纵连横，就此产生了实力均衡这一政治理论。它不久被发展中的各主权国家采纳，成为在全欧洲乃至全世界的国际政治中都遵守的原理。虽然成为产生这种新动向的媒介的神圣罗马帝国，已经不再会成为诸主权国家的国际关系这个新的权力游戏的操盘手了。

大学与欧洲文化的一体性

虽然中世纪欧洲世界分崩离析，但并不能认为这一阶段欧洲已经丧失了一体性。只要看看从中世纪欧洲诞生最美的文化果实——大学就可以明了。

有 12 世纪文艺复兴这一说法，就是讲通过十字军与阿拉伯、伊斯兰世界接触的结果。以亚里士多德的哲学为始，经过拜占庭文化向阿拉伯世界传达的古代希腊学问，首次逆向传回欧洲，以这种刺激为基础，欧洲的文化生活显著地活跃起来的现象。作为共同体行政法的古代罗马法的意义被再次发现，也是在这个时代。

这与欧洲整体生产力提高也有关联，简而言之就是社会中产生了剩余财富，教会、各地宫廷还有这时成长起来诸都市的人，学习神学和法学等需求提高了。外出求学而背井离乡也不再少见，皇帝腓特烈一世发布的《安全居住法》就与此相关，是关于学生旅途安全及保证都市内部对其政策的法案。

中世纪的大学，也有像皇帝腓特烈二世设立的那不勒斯大学（1224）这样的例子，但史上最古老的大学，是集中在神学的巴黎和法学的博洛尼亚等学术中心地的教师和学生组成的学术同业者组合（Universitas），之后其作为独立团体获得了自治权，进而发展成大学。自12世纪末左右开始，这样的大学在各地涌现。

有实力的大学里集中了从欧洲各地来的学生。无论是教师还是学生，基本按照出身地的不同形成国民团（Natio），各国民团组织起来的整体就构成了大学（Universitas）。从德意志来的学生在巴黎大学最初加入英格兰国民团（之后由于德意志人的数量增加，形成了德意志国民团）；博洛尼亚是阿尔卑斯以北国民团。虽然组织了国民团，但大学的通用语言只有拉丁语。大学所颁发的博士（Doktor）学位及教授资格证明在欧洲普遍通用，即使后来欧洲各国分立，但欧洲文化却永远同一。

第3讲

查理四世与中世纪后期的德国

《金玺诏书》，在羊皮纸的文件中加入金印

大事年表

1226 年	条顿骑士团，对普鲁士的占有得到认可（1231 年开始着手征服）
1241 年	卢卑克与汉堡的同盟（汉萨同盟的开始）
1254 年	大空位时期开始
1273 年	哈布斯堡家族的鲁道夫被选为皇帝，大空位时期结束
1278 年	鲁道夫经过马奇费尔德之战，打败了波西米亚王鄂图卡；奥地利落入哈布斯堡家族之手
1291 年	瑞士三州的永久同盟，瑞士独立的开始
1306 年	卢森堡家族的约翰被选为波西米亚王
1307 年	教皇厅迁至阿维尼翁（教皇的巴比伦囚禁）
1346 年	波西米亚王约翰去世，长子查理即位国王
1347 年	波西米亚王查理即位神圣罗马皇帝（查理四世，—1378）
1348 年	查理着手进行布拉格的城市建设，设立布拉格大学；这一年欧洲暴发黑死病
1356 年	颁布《金玺诏书》；在尼德兰、布拉邦特州“欢呼的入市”
1414 年	康斯坦茨会议（—1418）
1415 年	胡斯处刑；霍亨索伦家族占有勃兰登堡边境伯领地
1438 年	哈布斯堡家族的阿尔布雷希特即位皇帝，开始了同家族的帝位垄断
1493 年	马克西米利安一世即位（—1519）
1495 年	帝国改革，颁布永久和平令，建构帝国国家制度（帝国议会，帝国最高法院）

1 中世纪后期的德国与欧洲

欧洲世界重心的转移

本讲将焦点集中于因敕准《金玺诏书》和设立布拉格大学而知名的波西米亚国王·神圣罗马皇帝查理四世[1]，以这位非常特别但是非常重要的人物为中心，尽可能具体地回顾欧洲及德国中世纪后期的状况。抛开主要目的，我想先对当时欧洲的情况简要概述。略去细节，想让大家记住——欧洲的重心向北及向东转移。

撰写了广受好评的《查理四世传》的历史学家赛布特指出，欧洲人的世界的形象，从 13 世纪到 14 世纪发生了很大变化。在此之前，地中海作为世界的中心就像是其文字表达

1 一译“卡尔四世”，德意志国王（1346—1378），1355年加冕为神圣罗马帝国皇帝。

出的那样，位于地图的正中央。进入 14 世纪，地中海北部与黑海构成地图的基底，而欧洲大陆的中心部占据了最中心的位置。也就是说欧洲世界的中心从地中海向北移动了，接近于如今我们印象中的欧洲版图。

这恐怕与当时政治力量关系的轴心向北偏移有关，在腓特烈二世和查理的地中海帝国倒台后，西西里王国被分为阿拉贡占领的西西里和安茹家族占领的那不勒斯，昔日的辉煌急速消失。意大利中部本是教皇领地，由于 14 世纪初教皇厅转移至阿维尼翁，意大利中部任由周围的权力所蚕食。意大利的重心就是在这个时候决定性地移至北意大利，在米兰、佛罗伦萨、热那亚和威尼斯这些都市国家的角逐中，维斯康蒂家族统治的米兰脱颖而出，而其他地方则由此联合在一起，形成新局面。

欧洲诸国家的成长

阿尔卑斯山脉以北的欧洲，在神圣罗马帝国陷入大空位时期混乱状态的同时，西欧在法兰西王国的圣王路易九世（1226—1270 年在位）以及美丽王腓力四世（1285—1314 年在位）等著名君主带领下不断推进国家统一，并主张替代皇帝给予他们相当于基督教世界第一的神权性世俗权力的地位。当然，腓力四世时代实施的教皇厅转移至阿维尼翁，如果按照俗称的巴比伦囚禁教皇的字面意思将其解释为“囚禁”，会误读当时的事态。众所周知，阿维尼翁位于远离巴黎的法国南部，教皇与法兰西王权及政治活动都保持了一定距离，腓力四世还非常出色地构建了教会的行政、财政组织。但即使这样，教权与世俗权的对抗的中心还是越过了阿尔卑斯山脉，从罗马与德意志转移到阿维尼翁与巴黎之间。

法兰西的各个国王夺走了法兰西境内英国所拥有的封地，推进国内统一，由此导致的英法对立很快便引发了百年战争（1339—1453）。最终英国丢掉了在法兰西境内的土地，不得不转向以伦敦为中心的一元化国家构建。这样看起来，法兰西和英国都某种程度地转向了构建拥有地域统一性的地域主权国家。

德意志的发展却是朝着与英法相反的方向，之所以这么说，是因为这个时代国家的建立不论是否愿意都是以王朝为中心的，但德意志的王朝首先是不稳定的。1273 年，作为选举侯（选帝侯）的特殊选侯[1]被教皇敦促着推举哈布斯堡家族的鲁道夫为德意志国王，宣告着大空位时代结束。但

1 “选侯”最初选的是德意志国王，国王经罗马教皇加冕后成为神圣罗马帝国的皇帝，后来选侯们选出的国王可以不经教皇加冕而行使皇帝职权，也常译为“选帝侯”。本文为了统一，后文一律译为“选帝侯”。

并不是说王位就此稳定下来，很长一段时间都在哈布斯堡家族、卢森堡家族与维特尔斯巴赫家族之间轮转。对于在大空位时期巩固了地方性国家权力的诸侯来说，已经不希望再出现强大的国王了。

德国的东扩

其间引人注目的是，12 世纪至 14 世纪，德国还将欧洲向东拓张，通常称之为“拓殖运动”。如第 1 讲提到的，自法兰克王国时代以来，德国人的居住地大体上东至易北河、萨利河到波西米亚森林地带。但到了 12 世纪的斯陶芬王朝时代，由于三圃式农耕法的普及，农业生产力得到显著提高，人口随之增长，过去的农业耕地无法满足人口需求，于是开始了开拓开垦全欧洲的时代。德国人越过易北河在东方开始进行非常活跃的移民活动，从易北河到东面的奥德河，进而向东入侵斯拉夫人的居住领域，将欧洲东北部进行了大规模的“德国化”。

德国的诸侯们，特别是稳固了东部边境的众边境伯，则趁势扩大控制范围。其中有从易北河到奥德河之间继续向东拓展势力的勃兰登堡边境伯，以及一直控制着易北河中流流域的迈森边境伯等。东南方，从巴伐利亚分离的奥地利在巴本堡家族的带领下，合并了相邻的施泰尔马克边境伯的领地，进行了更为活跃的移民活动，将控制范围向南方的亚得里亚海扩张。除了德国的诸侯，匈牙利、波西米亚以及波兰的国王、诸侯等招揽拥有先进农业技术的德国移民者，让其从事开垦开发等工作。

在波罗的海沿海地区，设立于 1190 年，与十字军相关的骑士修道会德意志骑士团受波兰贵族邀请，得到皇帝与教皇的敕许，征服沿海地区深处，教化原住民普鲁士人信仰基督教，并在此处建立了广大的德意志骑士团国家，也成为之后普鲁士王国的基础。易北河以西的原德国地域的诸侯领地 / 邦国（在德国史的用词中会将地方国家称为“领邦”或者“邦国”，本书之后也会使用这样的说法）小邦分立；与此相对，东部邦国一般都比较大，也是因为东部邦国是开拓了未开发土地的移民国家。

城市与汉莎

另外，德国势力进入东方，也得益于遍及波罗的海通商网络的城市同盟——“汉莎同盟”的协助。汉莎原本是相距较远的商人们相互扶持帮助性质的同盟组织的称呼，该称呼也被用在各个城市的联合组织中，著名的德国汉莎就是源汉莎同盟而生。

联合与相互扶助原本是都市市民生活的基本原理，市民根据各自职业类别组织联盟，这就是行会。行会不仅仅涉及经济活动，还全面承担其成员生活的方方面面，甚至连城市本身都可以视为这些协会的集合体，也可以说是市民的联盟组织。当联盟组织被领主认可，拥有了审判权及自卫权等自治权时，中世纪欧洲独特的、作为市民自治体的中世纪城市得以成立。如果不是协会成员或者不属于其家族，那么就没有市民权，市政被掌控在少数有实力的市民家族中。虽说是市民自治，但距离民主主义还很远。但不管怎么说，在以纵向主从关系为基调封建的中世纪社会，城市是横向以连带为基础的独特生活世界。

中世纪德国有约 3000 个大小城市，法律上受诸侯管理的“邦国城市”与皇帝直属的城市以及与诸侯并列的帝国成员“帝国都市”有所区别。除了两三个广泛控制着市域外周边地区、类似都市国家的帝国都市以外，每个城市都没有太大的力量。不过城市同盟一旦结成，形势就立刻不一样了。

13 世纪、14 世纪是一个联合的时代，出现了各种各样的城市同盟，反抗哈布斯堡家族控制的瑞士森林诸州联合等是其中之一，也产生了士瓦本都市同盟以及莱茵城市同盟等各种各样的联合体，其中最有名的就是汉莎同盟。汉莎同盟以卢卑克、汉堡、不来梅为核心，从中世纪欧洲最大的城市科隆，到在波罗的海深处的哥特兰岛上建造的德国城市维斯比，在极盛时期可以数出上百个盟友城市。汉莎同盟还用武力压倒曾是北欧大国的丹麦，并将波罗的海作为自己的海上同盟。

不管怎么说，诸侯、城市，又或者是寻求新天地的农民集中了各式力量，将德国人的活动位置向东进行扩张，也使得欧洲的疆域扩大。在第 1 讲中提过的“欧洲”的第三条线，基本确定的就是这个时代。欧洲的重心首先向北，然后转到东方。位于神圣罗马帝国东端的波西米亚王国想要成为帝国的中心，放在当时的时代变化中也是可以理解的。

❷ 查理四世与波西米亚王国

波西米亚王国的发展

波西米亚（及其公国摩拉维亚）都是西斯拉夫系捷克人的国家，10 世纪以后承认了东法兰克国王对其拥有上级统治权。11 世纪以来，捷克人的统治者先成为波西米亚公才能被认可王号，也就是说其自身既是波西米亚的国王，又是德意志国王・神圣罗马皇帝的家臣，波西米亚由此构成了帝国的一部分。之后，波西米亚在普舍美斯家族的控制下扩张式发展，特别是在大空位时期波西米亚国王鄂图卡二世（1253—1278 年在位）的时代，袭击了男系断绝的巴本堡家族，相继获得奥地利、施泰尔马克，进而占领南方的克恩顿，构筑了至亚得里亚海的广大控制权。

普舍美斯家族之后虽然获得了选帝侯的地位，但是其强大的权力引起诸侯的警戒，在终结大空位时期的德意志国王—皇帝选举中，帝位被瑞士阿尔高出身的贵族、哈布斯堡家族的鲁道夫夺走，哈布斯堡家族虽然也是名门，但其家门权力比起鄂图卡要低。由于鄂图卡并没有参加这次选举，也并没有明确表示会臣服于鲁道夫，二者的对立激化，最终引发战争。1278 年，在维也纳近郊的马奇费尔德一战中鄂图卡战死沙场。之后奥地利被哈布斯堡家族夺走，这也是哈布斯堡家族走向兴隆的第一步，另外，普舍美斯家族也确保了其对波西米亚王国的统治权。接下来可以说是普舍美斯家族的卷土重来，又在西里西亚扶植波兰势力。1306 年，继鄂图卡二世后，普舍美斯家族的男系断绝。又有诸多经纬，在波西米亚王位继承方面握有同意权的强权贵族选择了德意志西部的名门贵族——卢森堡家族出身的皇帝海因里希七世的儿子约翰。约翰与普舍美斯家族末代国王的妹妹结婚，成为波西米亚王，其长子就是查理。

查理与波西米亚

查理（1316—1378）幼名文策尔，由于处于政治界的父母的争执，三岁时父亲让他离开了母亲，七岁时把他送去巴黎，在卡佩王朝末代国王查理四世的庇护下被养育大（查理四世的妃子是其父约翰的妹妹)。“查理”坚信自己的名字是代父法兰西国王赐予的。

查理于1330年离开巴黎，1331年开始与父亲一起远征意大利两年。自从教皇离开阿维尼翁，意大利民众迫切希望能够有一位强有力的皇帝带给意大利安定，吉伯林、圭尔夫的对立再次燃起。《神曲》的作者但丁在查理的祖父海因里希七世身上寄托了再建大帝国的梦，诗人彼特拉克也对此后成为皇帝的查理寄予热烈的期待。虽然查理本人与这些梦想无关，是一位现实主义者。在意大利，他被维斯康蒂家族投毒依然亲自指挥与佛罗伦萨的战斗，一边积累经验，一边通过与文人的交流接触到了初期人文主义的气息。查理能流畅地使用法语、意大利语、德语、捷克语，还是一位用拉丁语写了自传的文人。查理的表现欲还相当强，他各处修筑冠以自己名字的城池，虽然让他举世闻名的不是某个城池，而是卡尔斯巴德温泉。

1333年，查理回到波西米亚，代替在外的父亲成为摩拉维亚边境伯，进而作为国王代理管理波西米亚。因此，在1346年百年战争时，加入法国一方参战的父亲于克雷西会战中阵亡后，查理非常顺利地继承了王位。同年，他被选为与维特尔斯巴赫家族的皇帝路德维希四世的对立国王。1347年，查理作为波西米亚王在布拉格举行了加冕仪式。不久之后，由于路德维希去世，查理成为德意志国王—皇帝。1338 年，德意志的选帝侯和皇帝约定，由选帝侯选出的德意志国王无须等待教皇认可，可同时视为罗马皇帝。但是在德意志国内，以维特尔斯巴赫家族为中心的反对势力也很强大，一时发生了出现对立国王的状况。查理于 1349 年在亚琛作为德意志国王举行了加冕仪式后，致力于巩固波西米亚的政权。

查理的治世

1348 年 4 月，查理借着正在举行的全波西米亚邦国议会（邦内贵族的身份制议会）发布了一连串的敕书，据此，他以德意志国王的立场确认了自己作为波西米亚国王和选帝侯的诸多特权，同时通过国法规定了波西米亚王权下诸邦的统一性。然后根据同时发布的其他敕书开始大规模地建设布拉格。布拉格由此不仅仅是波西米亚的首都，还是皇帝所在的都城。作为其中的一环，查理下令设立布拉格大学，仿佛是将在德国无法按照自己想法去做的事情，一口气都在波西米亚完成一样。查理的犹太人政策也与其相似。

1348 年，在欧洲史上以黑死病的一年而广为人知。从东方经君士坦丁堡和意大利进入欧洲的黑死病，不间断地展现了自己的威力，欧洲人口的几分之一都交到了死神的手中。那时被恐惧支配的人们，把犹太人当作了假想的牺牲品。就像是十字军的宗教集团在歇斯底里中进行的最初的犹太人大屠杀一样，这种恐怖的民众运动在德意志从西方的阿尔萨斯周边开始向东蔓延，皇帝查理并没能进行阻止。不仅如此，他还准许纽伦堡市民拆掉市场周围犹太人的房屋，建设圣玛利亚教会以取代犹太教集会（教会）等，在之后发生的事件里起到了推波助澜的作用。1349 年 12 月，至少有 562 名犹太人被施以火刑。

当时的查理在德意志的地位还尚未稳固，也无法积极地做出什么行动。但也有一种看法是他利用一些无法避免的事情，为将来德意志的经营进行布局（作为中东欧经济圈要塞的帝国都市纽伦堡对于查理来说有着特别的意义）。但是自己的行为究竟意味着什么，查理应该是非常清楚的。作为波西米亚王的他欢迎到布拉格这个新市街的移民，甚至在相关法律中移民的一开始就列举出犹太人，恐怕不能说他没有“赎罪”的心理。或许是因为没怎么受到黑死病的影响，波西米亚并没有迫害犹太人的事件发生。

布拉格大学和《金玺诏书》

众所周知，查理四世是布拉格大学的设立者，也是《金玺诏书》的颁布者。前文提到，欧洲的大学在 12 世纪末期首先诞生于巴黎和博洛尼亚。接踵而至的是英格兰的第一所大学牛津大学，然后诞生了其分支的剑桥大学。位于欧洲大陆的西欧各地也诞生了几所大学。但是在莱茵河东面，神圣罗马帝国的地域上却没有一所大学，德国学生要历经遥远路途前去巴黎或者博洛尼亚学习。而布拉格大学的建成打破了这一现状，就像是为了使布拉格成为东方巴黎一样，由曾在巴黎成长的文人皇帝查理设立。

另外，《金玺诏书》（即盖有黄金印玺的皇帝文书，虽然有同类文书，但《金玺诏书》格外特殊且知名）颁布于 1356 年，里面规定了选举国王—皇帝的手续和拥有选举权的七位选帝侯，还认可了选帝侯拥有等同于国王的诸多特权。通过导入少数服从多数等制度建立了选举秩序，消除了双重选举等弊病，但由于认可了选帝侯有着某些国王特权，相当于承认了德意志诸邦分离的状态等。《金玺诏书》是德国历史上意义重大的文书，也可以说是全德意志的第一部宪法。

布拉格大学的设立和《金玺诏书》的颁布这两件事虽广为人知，但问起两者关系恐怕大多数人都没有考虑。实际上，作为同一位皇帝颁布的政策，两者不可能毫无关系。

让我们来看一下设立大学的手续，根据那时的惯例，设立新的大学查理需要先获得教皇的许可证，但他作为波西米亚国王颁布了大学许可文书，进一步又作为德意志国王—皇帝颁布了大学许可文书。于此，查理明确了皇帝拥有自主权。在此之上，他还引用腓特烈一世用以保护德意志学生的诏书《安全居住法》，借用腓特烈二世设立那不勒斯大学的文书中的语句，就是在暗示敕准设立大学的不再是教皇特权。

查理四世并非广为人知的事，那就是除了布拉格大学，他还给从奇维达莱（1353）、佩鲁贾（1355）到日内瓦（1364）、奥兰治（1365）、卢卡（1369）等九所大学发行了皇帝设立许可证。虽然这些大学大多数都维持在“纸上大学”的程度，但是如果注意其设立地域，就会发现这些地方都应该是处于皇帝的封主权之下的。出于安茹家族占有普罗旺斯等原因，导致北意大利及南法兰西、勃艮第王国的都市出现封主权动摇的情况。查理于1355年在米兰被加冕为意大利王，1356年在罗马举行了皇帝加冕仪式，1365年在阿尔勒加冕为勃艮第（阿尔勒）王，他是最后一位接受德国、意大利、勃艮第三个王国的国王加冕以及作为神圣罗马皇帝加冕的皇帝。也可以说，查理四世通过设立大学再次确认了自己的封主权以及神圣罗马帝国的版图。

采邑制政体

查理作为皇帝具有强烈的自我主张，审视这一点时会自然而然地发现，其与渗透在《金玺诏书》中的意图也不尽相同。查理的目标所指亦是这个时代的潮流，就是在承认有力诸侯权力的前提下获得诸侯认可，对其进行政治管理。在历史学家称为采邑制或者等级制的政治系统中，并列的不是作为封臣的单个诸侯，而是具有同等身份的、有势力的贵族—家臣集团。同时，主要以等级制议会作为国王与贵族之间围绕租税赋课进行协商或谈判的场所。由于权力是国王和诸侯分开所有的，所以也称其为等级制的二元主义。

历史上，1302 年开始的法国三级会议和英国议会（英国议会于 14 世纪中叶开始整合为两院制议会）虽然很有名，但是在神圣罗马帝国，由圣俗大诸侯组成的宫廷会议（国王的咨询会议）从 12 世纪以后也发展为帝国的一个机构。14 世纪，帝国都市加入，然后逐渐整合为帝国议会。《金玺诏书》也是在 1356 年的帝国议会上被决议后成为帝国法的。

但即使是等级制的二元主义，实力关系也会因国家的不同、时代的不同而各不相同。查理四世当时，也曾希望尽可能加强作为国王—皇帝的权力，但是并没有做到。这难道不是实情吗？实际上他在波西米亚作为国王曾想颁布波西米亚邦法典草案《卡尔至尊》（*Maiestas Carolina*），这是和《金玺诏书》几乎同时进行的。正好那个时候他的同父异母的弟弟卢森堡公文策尔，与其妻子所领的尼德兰布拉邦特州的诸侯缔结了被称为“欢呼的入市”的著名协议（1356 年），该协议作为确认州级特权的采邑制国法，留名于历史长河。然而，《卡尔至尊》相比而言强有力地主张了王权才能真正守卫国家和平与安宁，也许正因如此才引发贵族的不满，导致最终被废弃。

《金玺诏书》与诸侯

查理四世对于制定《金玺诏书》十分审慎，1355 年的帝国议会开始对其进行审议时，计划围绕世俗确定选帝侯、货币法、莱茵关税和领地内通行税减税、国内和平（Landfrieden）问题，以及按照少数服从多数的原则选举国王这五点制定。选帝侯美因茨、科隆，再加上特里尔的大主教，确定了以波西米亚国王为首，莱茵宫中伯、萨克森公、勃兰登堡边境伯的世俗诸侯（奥地利和巴伐利亚这两个波西米亚的竞争国被排除在外），选帝侯作为帝国的支柱、帝国延续的保证，定下了邦国不可分割与选帝侯国的长子继承制，还赋予选帝侯包括货币铸造权的国王权力。除了按照通过少数服从多数原则选举国王外，他们还通过每年一次的选帝侯会议，一边分担地域管辖一边商议国政。应该说，神圣罗马帝国最初是以国王与选帝侯会议作为两大支柱的复合帝国，或稳定选帝侯国为基础的选举帝制。从帝国的整体性和持续性的观点来看，这一变化还是进步的。

降低通行关税，赋予城外居住者市民权等为谋求城市利益的条款，则被视为有悖于诸侯利益而全部遭到删除，可以与诸侯对抗的都市同盟被视为影响国内和平而遭禁止。在查理的计划中或许是想保护都市而试图对抗诸侯的势力形成，这些条款遭禁意味着其政见理想的巨大倒退。由于帝国是由使用不同语言的诸国民组成的国家，选帝侯的继承人通常要在 7~14 岁（这相当于查理自己在巴黎的期间）学习除德语以外的拉丁语、意大利语和捷克语，这一条款被写入《金玺诏书》第三十一条中。或许这一条款暗示着查理四世梦想着成为国际性的君主，但现实并没有那么简单。

查理的家族权力政策

《金玺诏书》颁布后，查理专注于扩大以波西米亚王国为中心的家族权力政策。与其说是皇帝个人的执念，不如说是基于拥有强大家族权力才能保证皇帝权威的实际认知，这也是查理四世被称为近代君主的第一个原因。查理通过自己与其子嗣的婚姻，以及继承协议合并了西里西亚，获得了勃兰登堡边境伯领地（占有两个选帝侯国），又进一步占有奥地利及匈牙利的领地。查理四世晚年还致力于促使教皇从阿维尼翁回到罗马，使他名声大振，并毫无遗漏地成功世袭了所有的皇位。但是这个卢森堡王朝，随着将遗留领地分给孩子，再加上继承者也缺乏气量，经历四代便宣告灭亡。而将家族权力作为背景的新皇帝政策，被查理最强有力的竞争者——哈布斯堡家族保留了下来，这真是历史的讽刺。

❸ 哈布斯堡家族马克西米利安一世与帝国改革

作为德国东南方的大国

哈布斯堡家族就像前面提到的那样，被选为大空位时期后的第一位皇帝——鲁道夫一世打败了波西米亚王鄂图卡获得奥地利，作为德国东南方的大国开始发展（另，由于瑞士发生独立斗争，哈布斯堡家族失去原来的发祥地）。该家族垄断德意志的皇帝之位，始于 1438 年阿尔布雷希特继承帝位。应该更准确地说，是从第二年没有子嗣的阿尔布雷希特去世后，同家族的腓特烈三世[1]（1440—1493 年在位）成功继承帝位开始。无论如何，之后这个家族的发展不可不说确

1　一译“弗里德里希三世”。

实是婚姻政策成功的结果。

腓特烈让自己的儿子马克西米利安与继承了当时在德法之间不断构筑强大地域权力的勃艮第公国国王的女儿结婚。通过这场婚姻，马克西米利安收获了勃艮第公国，以及其控制下的卢森堡、弗兰德、布拉邦特等尼德兰诸州（关于勃艮第从与法兰西的争执中，仅确保了东半部分的勃艮第自由伯领——弗朗什孔泰）。

马克西米利安一世[1]（1493—1519年在位）与法兰西敌对时便想强化和西班牙的关系，他促使其子腓力成功与阿拉贡和卡斯蒂利亚两王国的公主胡安娜结婚。由于更上层的有继承权的人相继离世，再加上胡安娜罹患精神疾病，腓力获得两国的统治权。但腓力早早去世，其长子查理加冕为西班牙王卡洛斯一世，后又成为神圣罗马帝国皇帝查理五世[2]（1519—1556年在位）。其弟费迪南被赋予了奥地利统治权，与统治着波西米亚、匈牙利两个王国的雅盖隆王朝的公主结婚，最后获得了这两个国家。再加上新大陆的西班牙领地，出现了一个真正的“日不落”大帝国，这就是宗教改革时代的哈布斯堡帝国。

1　马克西米利安一世（1459—1519），德意志国王（1486—1519），神圣罗马帝国皇帝（1493—1519），奥地利大公。

2　查理五世（1500—1558），西班牙国王（1516—1556，称查理一世）；神圣罗马帝国皇帝（1519—1556，称查理五世）。

意大利战争与帝国改革

这里要把故事往回说一点儿。马克西米利安与法兰西是对抗关系，1494 年法兰西入侵意大利，意大利各个城市结为同盟，意法两国爆发了意大利战争。这场战争成为新国际关系的起点，也被认为是揭开近世幕布的标志，它还为德国国民的神圣罗马帝国带来了新的变化。马克西米利安为筹措战争经费在沃尔姆斯召开帝国议会，这是他即位皇帝以来召开的第一次帝国议会。对哈布斯堡家族的家族政策怀有警戒心的诸侯们，捕捉到这个机会逼迫皇帝进行帝国改革。皇帝与诸侯角力，最终形成了以诸侯主张占多数的帝国框架，这就是 1495 年的帝国改革。

根据这次改革，帝国议会作为由选帝侯部会、一般的圣俗诸侯部会，以及城市部会组成的帝国等族的身份制议会，其形式得到整顿。《金玺诏书》虽然仅赋予选帝侯特权，但一部分特权实质上交到了一般诸侯手上，帝国议会也不得不根据实际情况重组。根据 1521 年的《帝国登记簿》（Reichsmatrikel）[1]，代表帝国议会的除了构成选帝侯部会的

---

1 帝国登记簿是神圣罗马帝国的皇室财产清单，详细说明了贵族必须向帝国军队提供的确切兵力数量和/或他们必须提供的财政支持比例，以维持神圣罗马帝国的军队。——编者注

7 位选帝侯以外，在诸侯部会中有 4 位大主教（马格德堡、萨尔茨堡、贝桑松、不来梅）、46 名主教、83 名高位神职人员（修道院长等），还有 24 人的世俗帝国诸侯及 145 人的伯等下位诸侯，城市部会由 83 个帝国城市构成。

这些帝国贵族根据 1495 年的帝国法《永久国内和平令》，从法律上禁止了争执中的一切自力救济——私斗（Fehde）。在中世纪，诉诸武力解决纷争也被视为是正规的合法行动，因此法律的主体仅限于自己有武装的人，在此之前也出过几次，但由于这次是“永久”实行的和平令，所以以后解决纷争就都需要通过审判手续。同时，设立了作为帝国最高法庭的“帝国最高法院”。与最早呈现出帝国等族的法庭样子的这个“最高法院”（曾流转各地，最终定在韦茨拉尔）相对，皇帝独自在维也纳也设立了“帝国宫内法院”，所以帝国有两所最高法院，这反映出皇帝与帝国等族—诸侯间的角力状态。

但是，这次“帝国改革”会朝着什么方向走下去仍然未知，眼前的一切都是动态变化着的。

这时，路德出现了。

第4讲

宗教改革时代的德国与欧洲

发表《九十五条论纲》的路德

大事年表

1351 年	英国《圣职授职法令》，致力于排除教皇厅的影响
1378 年	教会的大分裂（Schisma，—1417）
1414 年	康斯坦茨公会议（—1418）
1438 年	《布尔日国事诏书》，法兰西确立高卢主义的立场
1516 年	法兰西和教皇厅，《波伦亚条约》
1517 年	路德，《九十五条论纲》/ 这期间胡滕执笔《阿米尼乌斯》
1519 年	查理五世皇帝即位（—1556）/ 路德与艾克的神学论争 茨温利在苏黎世着手宗教改革
1521 年	沃尔姆斯的帝国议会，帝国驱逐路德 / 哈布斯堡帝国分为西班牙・尼德兰和奥地利 / 意大利战争开始
1522 年	骑士战争（—1523）
1524 年	农民战争（—1525）
1529 年	维也纳，被奥斯曼军围攻
1541 年	卡尔文，在日内瓦进行宗教改革
1545 年	特伦托公会议（—1563）
1546 年	施马尔卡尔登战争
1555 年	《奥格斯堡宗教和约》
1556 年	查理五世退位，费迪南即位（—1564）
1618 年	三十年战争开始 / 勃兰登堡的霍亨索伦家族，通过继承获得普鲁士公国
1648 年	《威斯特伐利亚和约》

❶ 教皇厅与欧洲各国

康斯坦茨公会议

本书无法详尽地叙述宗教改革的前史，但为了解宗教改革时德国的状况，还是有必要简单回顾教会大分裂之后教皇厅与欧洲各国的关系。

阿维尼翁的教皇厅于1377年回归罗马，也正是皇帝查理四世的时代。但是其与辅佐教皇的红衣主教对立，法国红衣主教翌年便离开罗马，于阿维尼翁拥立了自己的教皇，这就是教会大分裂的开端。最后还出现了三位教皇鼎立的情况，让教皇权威一落千丈，直到1417年康斯坦茨公会议选出了新的教皇，才终于结束了这种状态。康斯坦茨公会议宣布波西米亚的宗教改革者胡斯为异端，并将其处以火刑。另外，围绕教会的最高权威所在，教皇至上主义与公会议主义对立。所谓的公会议主义，是指主张在信仰或者是教会运营方面的问题，下达决定的不是教皇个人，而是由教皇主持、主教等高位神职人员参加的教会会议（公会议）来决定。在康斯坦茨支援了法国王权的公会议主义占据优势，但是之后企图再次强化教皇权的罗马教皇一方又卷土重来，这种对立为后世留下了持续的影响。这也和宗教改革时期，天主教一方步调的混乱有关系。

教皇与世俗诸国家

对于教皇来说更为重大的问题，追根溯源大概是出现了不认可教皇拥有普遍性至高无上权力的世俗诸国。英国、法国等，虽然还无法被称为是近代意义上的国民国家，但是这种在国王主权下融入地域性权力的形式，即拥有一定程度上的领域性统一与民族同质性的世俗主权诸国，出现在欧洲各地。另外，也可以说是罗马教皇厅自身促进了这种变化。在阿维尼翁被“囚禁”的时代，教皇厅已经创建了作为当时典型的教会行政组织，即建立一个以教皇厅为中央政府，控制意大利的教皇领地，进而控制欧洲各地的教会以及教会领地的中央集权的行政财政组织。这可是一个甚至能成为世俗诸国模范的组织。

但是欧洲的地域主权诸国，从国家主权的逻辑着手，拒绝教皇的教会行政权进入国内。例如，教皇的圣职叙任与圣职就任税等大笔金额的献金有关联，教会行政网与旧罗马的集资网络基本重叠，使得与教皇权力相关之事格外敏感。英国的王权统治从阿维尼翁教皇时代开始便早已建立了从事实上排除教皇介入国内教会管理的体制，如禁止教皇厅直接任命国内神职人员的1351年《圣职授职法令》、禁止向教皇厅上诉的1353年《王权侵害罪法令》等。法国王权在推动了公会议主义的同时，还采取了法国领内的教会管理权归于王权，也被称为“高卢主义”。通过1438年的《布尔日国事诏书》，宣布将其作为国家基本原则，并通过1516年的《波伦亚条约》，使教皇正式认可法国高位神职人员的任命权属于法国国王。

在诸多国家的这些变化中，教皇的存在状态接近于世俗君主，只是增加了宗教方面的支出。当时正是文艺复兴的最盛期，文艺复兴时期的造型艺术，其最大资助者就是梵蒂冈和其他地区过着豪华宫廷生活的教皇。从教皇领地获得的收入无法满足支出，作为其重要的一项弥补手段就是销售赎罪券。由于前述情况，在英国和法国的赎罪券销售有限，于是教廷自然而然将目光转向德国。

“罗马的乳牛”德国

在德国，随着皇帝权力弱化，帝国的枷锁也松弛了。主教、大主教等的圣界领地与世俗邦国并列，获得了半独立的地位，正是教皇权力最容易介入的状况。教皇利用这一点，通过各种方式从德国攫取大量金钱，从这个意义上来说，德国被称为“罗马的乳牛”。压迫自然带来反抗，15 世纪中期后，大量寄到教皇厅的德国国民请愿书中可以明显地看出民间的不满情绪。

作为教皇厅对“请愿书”的答复，精于古典学识的红衣主教皮科洛米尼（之后的教皇庇护二世）在 1494 年，写了与塔西佗著作对照的《日耳曼尼亚》，指出了自日耳曼时代以来德国的辉煌发展，并且为这期间基督教会的作用进行辩护。由此而生的反对意见以人文主义者为中心，德国国民意识深化。人文主义者帝国骑士胡滕以“日耳曼的解放者”为主题，写下讽刺对话剧《阿米尼乌斯》（1515—1520）；1517 年 10 月，威登堡大学的圣经学教授马丁·路德发表关于赎罪券效能的《九十五条论纲》，在德国社会各阶层引起广泛反响。

❷ 宗教改革与皇帝、诸侯

路德的改革思想

天主教会认为，世人通过积累善行赎罪才能接近神的救赎。所谓教会，就是在传达神的教诲的同时，成为赦免和救济罪恶深重的人的媒介组织，教会通过各种各样的方式奖励善行。路德认为赎罪券存在问题，因为就像大家所了解的那样，发售赎罪券的本质是为筹集梵蒂冈圣彼得大教堂的翻修资金。为了兴建教会购买赎罪券当然可以解释为是信者的善行，购买者通过这种善行可以减免罪过，这便是教会的解释。

但是路德从其本质上质疑支撑天主教会的这一理论，追求救赎之路、艰苦奋斗的路德最后发现，人在神的面前被视为“义”的并非善行，而是信仰，并且仅能是信仰（即“因信称义论”)。通过赎罪券来赦免罪恶之流本就不应当纳入神的领域，不单纯是赎罪券的赦免效力问题。

负责销售赎罪券的修道士台彻尔告发了路德，1519 年 6 月，路德亲临莱比锡，与神学者埃克进行神学论争。路德手持圣经，将其作为信仰唯一正确的根据，可他受到埃克的诱导询问，说出了裁决胡斯的康斯坦茨公会议的决定中自己有几个疑问，进而又做出公会议也会犯错的发言。

一方面，路德因此被怀疑为异端；另一方面，他为了坚持自己的信仰，认识到一定要进行一次教会的全面性改革。也就是说，他从神学者转变为宗教改革者。1520 年，路德毅然决然地发表了《关于教会特权制的改革致德意志基督教贵族公开信》《论教会的巴比伦之囚》和《论基督徒的自由》，就是大家常说的“宗教改革三大论文”。1521 年，罗马教皇宣布开除路德教籍。

路德与查理五世

将路德（1483—1546）重新放到当时德国的实际情况中，让我们再去了解一下他。

路德生于德国中部，哈茨山脉东麓的小城艾斯莱本。他父母的出生地是在稍微偏南一些的德国中部的图林根地区。

他就读于当地的埃尔富特大学，后来成为维滕贝格大学的教授，这所大学是由当地的统治者，萨克森选帝侯的腓特烈贤公于 1502 年创立的。因此，路德的生活圈完全与萨克森、图林根这些德国的心脏部位重合。路德的德语圣经译本被广泛传阅，还被称作近代德语的基础，这个译本的高传阅度实际上也与他的生活圈有关。德国中部是北部低地德语和南部高地德语混杂的中间地带，他所使用的语言本身就可以南北通用。

与路德相比，皇帝查理五世生活圈的不同之处在于他作为皇帝马克西米利安之子、勃艮第公腓力与西班牙公主胡安娜的长子，于 1500 年出生于尼德兰的根特。成长于勃艮第与尼德兰的宫廷中，长期生活于西班牙的宫廷，查理五世会讲法语和西班牙语，但终其一生都不会讲德语。

根据查理五世的政治顾问加蒂纳拉所述，查理五世梦想着重建中世纪的大帝国。1515 年，查理五世成为勃艮第公；1516 年，他成为西班牙王卡洛斯一世，是西班牙、勃艮第、尼德兰及其所属领地的统治者；1519 年，他在选举中击败对立候补的法国弗朗索瓦一世，又成为神圣罗马帝国皇帝。看起来真的就像是在当世实现了“日不落”的大帝国，但其权力基础并不在德国，即使是即位神圣罗马帝国皇帝后，其权力中心依然在西班牙、勃艮第、尼德兰。查理五世即位神圣罗马帝国皇帝后，很快就通过1521—1522年的分割协议，将德国的哈布斯堡家族领地、皇帝代理权还有帝位继承权，都传给了其弟费迪南。

皇帝与诸侯

但即使这样，如此实力强大的皇帝的出现，恐怕会打破欧洲的势力平衡。无论是对于罗马教皇，还是对于自认为欧洲—基督教世界首位君主的法国弗朗索瓦一世来说，或是围绕帝国改革进行皇帝权力与主导权相争的德国的诸侯来说，都不是一个令人愉快的事态。

在此，先整理下当时国际关系的大局，查理在即位皇帝不久后，围绕意大利的控制权与法国国王进行了四次意大利战争（1521—1526年、1527—1529年、1536—1538年、1542—1544年）。那时法国国王常与东方异教的大国土耳其结盟（1536年正式签订友好条约），从土耳其东部发起进攻，被委任统治奥地利与德国的费迪南忙于防卫，严重影响了德国国内的宗教改革的进展。一方面，皇帝没有身处德国，为了战争筹措资金需要德国诸侯的协助，必须对诸侯做出让步；另一方面，站在围绕帝国改革与皇帝进行角力的诸侯的立场来看，所有的一切都成为与皇帝的交易材料。路德的问题，当然也是其中之一。

这件事情从神圣罗马帝国的采邑制构造来看是必然的，不仅是神圣罗马帝国，西班牙与尼德兰也是采邑制国家。实力强大的皇帝，其政治行动受到议会及州议会这些身份制议会掣肘，绝不自由。查理五世在皇帝选举时的《选举协议》中约定了统治应该根据帝国的法律与习惯，重要的政治决定要经过与帝国贵族事先协议。协议的第二十四条规定，无论是什么身份的德国人，未经审问不可施以开除教籍的处罚。查理不得不对在 1521 年 1 月被教皇革出教门的路德，在当月召开沃尔姆斯帝国会议重新审问这个手续。

路德经过 4 月 17、18 两日的审问，5 月根据沃尔姆斯的敕令被处以驱逐出帝国的刑罚，但实际上那时路德已经离开了沃尔姆斯。在敕令颁布之前，他就在图林根山中用蒙面骑士的样子，借助腓特烈贤公的力量藏匿在瓦特堡。

宗教改革的展开与国内的混乱

虽然无法详细地追溯沃尔姆斯之后德国的状况，但直截了当地总结整体情况，我认为可以说，无论是推进改革运动的一方，还是想要阻止改革运动的一方，实际上都不存在核心人物。从那之后，德国暂时出现了混乱状态，问题的关键是谁能够成为结束这种混乱状态的主角。

脑中捋顺这一时期的核心人物，皇帝查理五世在 1520 年到 1530 年这十年间都不在德国，他为指挥平定西班牙的反叛骚乱以及意大利战争，在沃尔姆斯国会之后便离开了德国。这其实是德国具有决定性意义的十年，其间，作为皇帝代理的费迪南的德国统治，被沃尔姆斯国会所规定皇帝不在时掌握权力的统治机构——帝国统治院和每年召开的帝国议会束缚。帝国统治院由皇帝代理与诸侯的代表者组成。再加上 1529 年，因“维也纳之围”达到全胜的奥斯曼土耳其军队进攻德国，实际根本没有处置路德的条件。1526 年，由于费迪南王妃的长兄、匈牙利与波西米亚国王拉约什二世在与土耳其军的摩哈赤战役中战死，费迪南获得了波西米亚与匈牙利的领有权。1529 年，费迪南获得德国诸侯援助，击退了土耳其军，而广阔匈牙利平原的三分之二则被土耳其占领。

另外，路德也不在德国，他消失在了瓦特堡的山上。路德在瓦特堡的时间是 1521 年 5 月初到第二年的 3 月初，共计约十个月，这是具有决定性意义的十个月。路德在山上埋头圣经的德语版翻译工作，而“山下”的宗教改革可以说是在没有路德的状况下开始的。几乎同一时间，茨温利在瑞士的苏黎世独自开始宗教改革。扎根于城市共同体的茨温利改革扩展到德国南部的帝国城市，对于路德来说更为严重的事态是，在其所在的威登堡，神学教授卡尔施塔特开始了区别神职人员与俗人、否定一切宗教仪式、奖励破坏圣像的过激宗教改革。

这样的变革运动一旦开始，就会不断激化。在南萨克森的茨维考，该城市的改革者闵采尔否定现行社会秩序，展望一种共产主义社会的变革。路德回到维滕贝格时，这个城市与周边的混乱已经得到了一定程度的控制。但放眼整个德国，改革运动已经超出他可以控制的范围了。

骑士战争与农民战争

此时，人民对社会积压成堆的不满通过多种形式爆发，其中最为典型的就是骑士战争与农民战争。

骑士战争指神圣罗马帝国被称为“帝国骑士”的下级贵族起义，战争的主力是因雇佣兵的出现等时代变化而被淘汰的经济困乏的骑士们。他们想要打倒圣界诸侯，以此打破罗马对德意志的控制，重新建立以骑士为支柱的神圣罗马帝国。这是一场极其不符合时代的错误起义。写下《阿米尼乌斯》的人文主义骑士——乌尔里希·冯·胡滕是这场战争的思想指导者，1522 年夏，胡滕攻打特里尔大主教领地失败，被大主教及前来应援的诸侯军队歼灭。胡滕逃往苏黎世，于第二年病逝。

与此相对的农民战争，则是因为这些农民自古以来享有的权利被作为地方国家而不断加强其权力的诸邦国一点点地剥夺。他们在宗教改革的刺激下，将为了守卫个人“自古以来的权利”的斗争，转变为以“神法”为目的的战争。1524 年初夏，西南德国率先起事，从德国南部一带向东至奥地利蒂罗尔山中，北方延伸到中部德国的黑森以及萨克森、图林根地区。德国中部的农民起义受到闵采尔的革命神学的影响，展现出社会革命的性质，但这场史称“德国农民战争”的大规模农民起义，大半在当年被镇压，剩余势力也在第二年就被诸侯的军队镇压。诸侯的惩罚极其残酷，据称共有约十万名农民丧生。

以马丁·路德批判天主教为契机，骑士战争和农民战争这样性质完全不同的起义相继爆发，显现出当时德国的混乱状态。但这些叛乱都被德国诸侯的军队所镇压，也能清楚地显示出当时德国的实力关系。皇帝没有空闲时间来控制事态——本身他也不在德国，路德只能期待通过诸侯来恢复治安和曾经有序的改革主导权。所有的事情好像离开诸侯将无法取得进展，似乎是个显而易见的默认条件。在接受路德教说的诸侯与认为这种教说是混乱的根源而想要镇压它的诸侯的对立期间，在1526年斯派耶尔的帝国议会上——8月末，摩哈赤战役两天前的事情，最终决定“在沃尔姆斯敕令中相关的事情，各人（诸侯）应对神和皇帝陛下负责，应该按照自己的期待、信仰，去生活、统治和处理事态”。通过诸侯，路德在宗教改革的道路上又迈出了一步。

三年后，天主教派反扑，在斯派耶尔召开的帝国议会中对沃尔姆斯敕令的复兴及执行表决通过。对此，路德派诸侯5人与14个城市提出了《抗议书》。此时虽然也出现了“新教（Protestant）”这样的名称，但路德派仍是少数，有关他们生死存亡的诸侯斗争即将开始。

❸ 德国与欧洲的宗教分裂

《奥格斯堡宗教和约》

路德派与天主教派的战争，既是宗教斗争也是政治斗争。但是从“新教”7 诸侯与 11 城市的“施马尔卡尔登联盟”结成开始（1531），经历了“施马尔卡尔登战争”（1546—1547），到 1555 年《奥格斯堡宗教和约》之间的政治动态，如果全盘讲解可能会过于复杂。在此，我想简单地指出人数和实力都处于完全劣势的新教是如何幸存下来的。

第一，16 世纪 30 年代，皇帝受与法国和土耳其的敌对关系限制，不得不推迟解决德国国内的问题，丧失了压倒对手的好机会，另外，皇帝与教皇的想法相背离。不分党派的德国诸侯害怕皇权强大，施马尔卡尔登战争中皇帝动员西班牙军，并将西班牙军留驻德国让包括天主教派的德国诸侯背离了皇帝。再加之查理让自己的儿子——西班牙的继承者费利佩，成为费迪南的继位者，策划西班牙和德国的再次结合，使德国诸侯叛离皇帝。对于他们来说，这件事意味着德国将隶属于西班牙，诸侯以德国的自由为名抵抗皇帝。1552 年，这场抵抗发展为战争，皇帝被德国诸侯军打败并败走意大利。之后，查理五世深陷于一种无力感，将一切都委托给费迪南，自己从政治中脱身而出，1556 年在西班牙遁入修道院。

第二，费迪南于 1555 年在奥格斯堡召集帝国议会，基于“领主的宗教即当地宗教”的原则，确立了《奥格斯堡宗教和约》。由此，新教的存在正式得到确认。通过这次宗教和约，是选择路德主义还是留在天主教，都交由诸侯以及各城市当局（市参事会），各地居民遵从其决定。即使是新教，茨温利派和继承并发展了其教义的卡尔文派还并未得到正式认可，不在诸侯及各都市的选择范围。另外，如果不服从“上层”的宗教选择，缴纳移住税便可以移居至其他邦国；不缴纳这笔费用离开，就只能遵从“上层”选择的宗派。帝国都市允许两个宗派并存，但领邦就此开启一个领邦一个宗派的时代。

邦国教会制度

路德派诸邦国在君主的统制下达成了邦国教会制度，简而言之，就是以邦国为单位的国家教会。该邦君主成为其邦国教会的领袖，掌握着原来主教拥有的教会监督权，同时还创立了宗教局这一教会行政机关，也就是说教会被编入了国家行政机构，邦国就此完成了对邦民和教会关系的控制。在加强邦民控制上，天主教诸邦国也一样。君主设置了教会监督局，将邦内教会置于严格统治下，教会监督局的功能与路德派诸邦国的宗务局别无二致，邦君的控制权得到强化。

德国宗教改革从围绕信仰的神学争论开始出发，在当时的政治状况中，依据皇帝与诸侯的实力关系与政治交易进行处理，最后诸侯权力加强，邦国的国家体制也得到了进一步巩固。可以说，西欧诸国中以意大利、法国为单位推进的国家教会统制，在德国是以邦国为单位进行的，同时，从中世纪以来的德国国家分裂现如今也彻底影响了宗教界。

对抗宗教改革

宗教改革从德国与瑞士开始，逐渐扩大到整个欧洲。路德派在德国扩展到北德一带，连遥远的东北德国骑士团国家也改宗为路德派，建立普鲁士公国。路德派还继续向北，进入将北欧斯堪的纳维亚半岛分为两部分的丹麦与瑞典两国，由想要加强各自领域控制权的两国王权主导。另外，发起于日内瓦的卡尔文派在法国发展为胡格诺派、在苏格兰发展为长老派、在英格兰发展为清教，德国选帝侯国之一的莱茵宫中伯领普法尔茨也接受了卡尔文派。

当然，天主教会也不会袖手旁观，1545—1563 年的特伦托公议会成为天主教改革或者说天主教会对抗宗教改革的起点。1540 年，得到教皇认可的骑士修道会的耶稣会，成为这场对抗运动的旗手。纵观欧洲，天主教的据点是意大利和西班牙，法国经历了胡格诺战争的动乱，仍坚持天主教信仰。在德国，以拜仁为中心的南德（除改为路德派的符腾堡以外）保留了天主教信仰，美因茨、科隆、特里尔三个宗教界选帝侯领地，也在莱茵地区维持着天主教势力。

作为宗教统一体的欧洲彻底分裂，同时德国内部也分裂，可以说德国正是分裂的欧洲的缩影。

如果德国是欧洲的缩影，那么神圣罗马帝国皇帝治下的奥地利、哈布斯堡，也可以视为是“小欧洲”了。宗教改革的浪潮也波及了这些邦国，波西米亚、奥地利和匈牙利西部是路德派，在东部的特兰西瓦尼亚，卡尔文派得到了传播。最初作为皇帝代理，后来成为皇帝的费迪南对改革思想较为宽容。费迪南死后，哈布斯堡家族领地被继承了帝位的马克西米利安二世和他的兄弟分割，奥地利失去了整体统一的君主权。更甚之，这对兄弟之间的争斗不断，皇帝为了对抗土耳其必须从领内贵族那里获得支援。皇帝与帝国贵族诸侯间的关系，也存在于领内的邦国贵族间。

奥地利对抗宗教的改革一般认为是从皇帝鲁道夫二世（1575—1612）时代开始的，鲁道夫二世于1609年给波西米亚邦国的贵族颁发了“特许证”，被迫承认贵族们自古以来所拥有的权利和宗教自由。三十年战争（1618—1648）即是夺取了兄长鲁道夫帝位的皇帝马蒂亚斯尝试限制“特许证”，波西米亚贵族与之对抗而引发的战争。当然，在德国也存在着新教诸侯的“新教联盟（福音）”（1608）与天主教诸侯的“天主教联盟”（1609）对峙，形势一触即发。而且“新教联盟”背后有法国、英国、荷兰的支持，“天主教联盟”背后有西班牙和罗马教皇的支持。在这样的国际关系下，神圣罗马帝国皇帝与波西米亚贵族的斗争本身，通过1620年发生在布拉格郊外的“白山战役”了结，贵族军宣告覆灭。但宗教改革之争并没有因此完结。

三十年战争

我本想结合种种历史趣闻，讲解波西米亚纷争长期且复杂的国际战争——三十年战争，碍于篇幅限制不得不放弃。跳过战争部分，我想针对既是这次战争的国际性和平条约，又是德国之后国家发展制度方面的基本条约——《威斯特伐利亚和约》发表一些评论。

法国、瑞典和德国的诸侯一起与皇帝谈判，缔结《威斯特伐利亚和约》，即皇帝与天主教诸国在威斯特伐利亚地方的明斯特，新教诸国在同地方的奥斯纳布吕克签订的条约总称。作为国际条约，条约承认了瑞士及荷兰独立，但还要注意有关神圣罗马帝国的这三点。

在领土关系中，瑞典获得了威悉河、易北河、奥得河河口的领土；日德兰半岛根部的荷尔萨提亚公国成为丹麦的领地；虽然德国境内有莱茵河，但其河口在荷兰，出海口都被他国势力控制。另外，法国获得了德法间洛林和阿尔萨斯地区的领地，法国面向莱茵河的领土面积扩大，还修筑了桥头堡。在当时的欧洲国际关系中，德国所处的状况就是这样。

神圣罗马帝国的帝国贵族与诸帝国城市，邦国的君主及邦国本身的各种特权（“领邦高权”）得以确认，甚至在规定了一些制约条件的同时，认可邦国与外国缔结条约的权力。神圣罗马帝国是三百余大中小诸国联合体的政治体系正式确立，这也可以说是对中世纪以来积累的既成事实的确认，德国诸邦国的分裂在此也得到了国际法上的承认。以将分裂视为常态化的《威斯特伐利亚和约》为前提，德国向着“国民统一国家”的发展将受到严重阻碍。所以在19世纪以来国民主义的历史记述中，这个条约得到负面评价较多。反过来，站在将诸邦的联邦制作为德国的独特国家制度这一立场来看，也可以将其看成是德国向着联邦制统一的新的出发点，我也秉持这一观点。

同时，卡尔文派认同了领主的宗教即当地的宗教这一原则，各邦国的宗派以1624年为基准年固定下来，不同宗派的信徒及信徒团体的存在也得到认可，并没有进行强制改宗。就这样，宗教的纷争及战争的火种被消灭了。乍看起来像是德国独特状况下宗教界所做出的妥协，但不再用提出英国教会的例子，其实欧洲大部分国家都适应了领主的宗教即当地的宗教原则。此外，一方面，在胡格诺战争后，胡格诺派领袖——波旁家族的亨利四世加冕法兰西国王之后改宗天主教，领主用国家的信仰统一了个人信仰；另一方面，亨利四世颁布南特敕令承认法国国内胡格诺教徒的信仰自由，各国一边规定“国教”，一边又为了容许不信仰国教的其他宗派信徒而费尽功夫。当时欧洲的寻常景象，反映在德国-神圣罗马帝国上，不得不承认其确实是欧洲的一幅缩略图。

第5讲

三十年战争与绝对主义

弗兰茨一世，玛丽亚·特蕾西亚与13个孩子

大事年表

1648 年	《威斯特伐利亚和约》、德国的诸邦国，“领邦高权”被认可
1653 年	勃兰登堡“大选帝侯”，协定了领邦议会与军事税
1683 年	维也纳，再次被奥斯曼军围攻
1688 年	普法尔茨王位继承战争（—1697），法国军，将普法尔茨化为“焦土”
1699 年	卡尔洛维茨和约，整个匈牙利，置于奥地利的控制下
1701 年	西班牙王位继承战争（—1714）/ 普鲁士公国，升级为“王国”
1713 年	奥地利，颁布《国事诏书》/ 普鲁士，腓特烈・威廉一世即位（—1740）
1740 年	奥地利，玛丽亚・特蕾西亚即位（—1780）/ 普鲁士，腓特烈二世即位（—1786）/ 奥地利王位继承战争（—1748）
1756 年	七年战争（—1763）
1765 年	约瑟夫二世皇帝即位（—1790）
1780 年	奥地利，玛丽亚・特蕾西亚去世，约瑟夫亲政
1786 年	腓特烈二世去世
1789 年	法国革命爆发
1790 年	约瑟夫二世去世

❶ 三十年战争时期的德国

围绕战争灾害的评价

三十年战争给德国带来了巨大的灾难是不可争辩的事实，但是这场灾难究竟影响多深，学界有各种观点。过去有着由于这场战争德国人口减半、德国发展比起西欧诸国晚了一两个世纪等极端说法，但随着研究发展销声匿迹。即便如此，学者之间现今依然存在非常大的观点分歧。

例如，德国的社会经济史学权威亨宁认为，这场战争导致的人口减少在农村地区占 35%—40%，在城市地区占 25%—30%，整个德国的死亡人口为 500 万—600 万人。1618 年到 1648 年，德国人口从约 1600 万人减少到 1000 万—1100 万人（《中世纪 · 近代德国社会经济史》，1991 年）。与此相对，德国社会史派的泰斗韦勒却推定在 1600 年的德国人口数量大约为 1500 万人，1650 年为 1500 万—1600 万人（《德国社会史》第一卷，1989 年）。

产生观点分歧，很重要的原因是学者历史研究的方法不同。德国传统史学研究依赖于文书史料及记述史料，也就是说依赖于同时代人物所写的资料。虽然是直观一手材料，但也可能经过了个人对战争惨状的夸张化。如果全盘接受，或者通过某一特定记述来推断整个德国的状况，就会出现不合逻辑的数字。另外，近年来历史人口学不断发展，学界利用德国各地教会留存的居民出生及死亡记录，将这些庞大的数据通过电脑数字化，分析演算人口动态。随着其研究不断深化，学者对于战争后德国人口极端减少持有否定看法，但三十年战争后德国人口增加的论点依旧饱受质疑，德国人口减少了 30%—40% 这一学说在学界根深蒂固。但是学界不再认为战争导致德国发展滞后，这就是我所理解的学界现状。

17 世纪的德国与欧洲

比较德国与西欧的时候，我们至少要意识到两个问题，第一个是“十七世纪危机”说。17 世纪的欧洲整体都处于非常大的危机状态下，不管是意大利（围绕“清教革命”的内乱）还是法国（投石党之乱）都有战乱。17 世纪气候恶劣、瘟疫蔓延，全欧洲的人口增长停滞不前。关于“十七世纪危机”有各类论点，欧洲也并不是只有德国被瘟疫之魔缠身。

即使是德国受到的灾害影响最大，它的恢复速度也比通常认知中要快得多，这一点是得到公认的。三十年战争后，德国的出生率明显高出其他国家（起初为 50‰，后减缓至 40‰—35‰）。当然，死亡率也很高（30‰），但人口自然增长依旧客观。通说认为经历三代人，德国人口在 18 世纪早期恢复到了战前的人口水准（1600 万）。在增长的人口中，从其他国家来的移民大概有 25 万人。法国南特敕令废止后，1685—1710 年大概有 3 万（其中 1.6 万人在勃兰登堡—普鲁士）为了躲避迫害而移民到德国的胡格诺派信徒，单纯看人数似乎本身并不太多，但胡格诺派信徒中有非常多拥有高度技术能力的匠人，这些人在德国的经济复兴中起到的作用，远远超过数字本身的意义。

德国面对的不利因素

从反面讲，德国复兴还有一些其他国家所没有的不利因素。

经济方面，欧洲经济活动的中心从“地中海—阿尔卑斯”转移到大西洋沿岸。曾经属于欧洲经济中枢区域的德国，就像上一讲中提到的，受《威斯特伐利亚和约》钳制，出海口被其他国家控制着，德国沦为大西洋世界的腹地（霍博恩），曾经欧洲财富的聚集地地中海变成了不断贫穷下去的海湾（霍布斯邦）。在瑞典、俄国这些新兴强国面前，德国对波罗的海区域的控制减弱，其汉萨同盟于 17 世纪末退出历史舞台。

政治方面，西欧诸国在 17 世纪后期后，大多都免于国内战争，得到新的发展；与此相对，德国不停地遭受着入侵而无暇专注于复兴。东方是奥斯曼帝国压制匈牙利进而威胁到维也纳（1683 年维也纳战役），西方则是来自法国的入侵，法国在莱茵河沿岸展开破坏性作战（1688—1697 年的普法尔茨王位继承战争和发生在其间的普法尔茨焦土化）。将德国从接连不断战争中解放出来的，是签订于 1699 年的《卡尔洛维茨和约》，解除了其东方土耳其的危险。解除来自西欧的危机则是西班牙王位继承战争结束，1714 年签订《拉施塔特和约》之后的事情了。18 世纪，德国才真正算是恢复了国力，背负起复兴课题的是作为政治体制的“绝对主义”和作为经济政策的“重商主义。”

❷ 德国的绝对主义

绝对主义与重商主义

不管是绝对主义还是重商主义，其语境多数并非褒义。绝对主义指国王专制的政治体制，势必会被市民革命所打倒，绝对主义这一说法的使用也经常带着负面色彩。重商主义指绝对主义下的政治经济主义，通过鼓励出口、限制进口实现贸易差额的顺差，增加国家财富。重商主义会使奢侈品等特定的国内产业活跃，但与一部分特权商人结合的国家的经济统制终会成为国民经济自由发展的桎梏，18 世纪后期，它受到重农主义及亚当·斯密的自由主义经济学的批判。从学理角度进行批判的同时，作为“旧体制”的经济体制，它也是通过市民革命被清除的，这是史学界的普遍认知。

但是，一般为了对抗十七世纪危机，特别是德国为了从三十年战争的打击中重新振作起来恢复国力，难道不是更应该有来自国家的强有力的指导和管理吗？吸引来自外国的移民自不必说，重新开发已经荒废了的土地、国内的人口迁徙、为了支持农业发展的河川修整及灌溉、为了实现与国际商贸道路的连接而进行的运河开垦（不论成果，开垦成果在当时非常盛行）、限制同业公会的特权、推进工场手工业、货币管制等，无论是哪一项都是没有国家的指导与管理、没有资金投入就无法进行的，既是理所当然又是众望所归，那时就是这样一个时代。问题在于，承担这一任务的不是一个国家，而是德国的诸多邦国。

1648年以后的神圣罗马帝国

自《威斯特伐利亚和约》承认德国各领邦国家的实质性国家主权以来，这些邦国作为德国国民的神圣罗马帝国的组成部分发生了怎样的变化呢？学界其实有许多不同的观点，作为研究的趋势，不是要将帝国视为从最开始就有名无实的存在，特别是对于中小邦国来说，神圣罗马帝国的存在反而是它们存在的一种支撑，整体研究方向基于这一点之上。例如，帝国最高法院及帝国宫内法院等，其判决的滞后性就是国家功能不全的证据。但即使如此，神圣罗马帝国作为中小邦国解决国家纷争的机构，实际上还是被各邦国所依赖。身处“弱肉强食”的17、18世纪，那些无法靠自身来守护自己的弱小国家，而又作为独立邦国能够存续下去，正是因为其作为帝国的构成国而被国际社会认可其存在，受《威斯特伐利亚和约》以及神圣罗马帝国的法律保障。因此，神圣罗马帝国也被评价为“不共食而共存”，在一定地域范围内作为多个国家的和平机构发挥着功能，进而还有一种看法，认为它是欧洲共同体的先驱模型。18世纪初期，著有《永远和平论》、梦想着欧洲统一的法国人圣·皮埃尔等，将德国视为欧洲和平统一的模型。

但是这个神圣罗马帝国不是可以主导从战争受害中复兴的“国家”，当然了，如果说它什么都没做有点言过其实，帝国议会也研究统一货币、整顿广域市场。但是在这种关系下，1731年的帝国手工业者联盟被视为几乎是其唯一的成果。帝国手工业者联盟打开了被视为“身份外”的、没有成为手工业者联盟成员名誉的工匠之子走向手工业者的道路等，使封闭的行会秩序打开一个风口。事实是，成立该联盟需要约半个世纪的时间，是帝国无法适应和面对现实的课题。作为复兴政策的重商主义，其主要负责人并不是神圣罗马帝国，而是作为构成帝国的独立领邦国家。用政治语言来说，德国的绝对主义算不上是“帝国级别”，而是在一个个邦国下展开的“领邦绝对主义”。

领邦绝对主义

无论是哪个国家，国王的权力都是绝对的，因此必须先解决想要根据身份制议会来维护自己的身份特权及地方特权的地方贵族等势力。这一点无论是在德国还是法国都是一样的，但是德国有其特殊性，那就是其身份制是帝国等级与领邦等级的二重构造。

在帝国等级中作为帝国贵族，根据帝国议会与皇帝对峙的诸侯，又作为邦国君主与自己的家臣，即领内贵族和领邦城市等，根据领邦议会的领邦贵族对峙。作为帝国贵族束缚皇帝行动的诸侯，在自己的领内又被领邦贵族束缚自己的行动。皇帝无法控制帝国贵族，因此神圣罗马帝国称不上是一个绝对主义国家。与此相对，诸侯镇压领内贵族，实现权力绝对化，才算是领邦绝对主义。

奥地利的绝对主义

“皇帝之国”奥地利虽然被统称为奥地利，但实际上它是上奥地利、下奥地利、施泰尔马克、蒂罗尔等诸领邦，波西米亚、匈牙利诸王国的集合体。每一个领邦、王国都有独立领邦议会，很难进行统治。另外，匈牙利在神圣罗马帝国的领域之外，其东面的三分之二处于奥斯曼帝国的占领之下。根据哈布斯堡家族的领地分割，奥地利从西班牙分离，继而又不停地受到土耳其和法国自东西方而来的进攻，其走向绝对主义的道路绝不平坦。

奥地利王权确立的第一步是三十年战争，1620 年，通过在布拉格近郊发生的白山战役打破了波西米亚新教贵族的势力，这次胜利为哈布斯堡家族开拓了迈向绝对主义的道路。哈布斯堡家族根除了反抗势力，并在波西米亚与摩拉维亚通过贵族议会确立了王权在奥地利的优势地位，也推进了其所占有的领邦走上绝对主义道路。在奥地利遭受新教侵蚀之际，这次思想变革与奥地利再度天主教化的潮流合二为一。在再度天主教化的斗争中，奥地利无视了《威斯特伐利亚和约》，以暴力性的手段推进再度天主教化，大多数新教徒在这一过程中背井离乡。

再次成为大国的奥地利

17 世纪末，奥地利通过战胜土耳其恢复了欧洲大国地位。1683 年，维也纳被奥斯曼的大军所围攻，但其获得了欧洲及德意志诸国的援助，击退土耳其军，随即迎来了转机。奥地利军反追奥斯曼军，将其压制在匈牙利和东方特兰西瓦尼亚。通过 1699 年签订的《卡尔洛维茨条约》，奥地利将整个匈牙利及特兰西瓦尼亚、克罗地亚全部纳入自己的统治之下。奥地利一举稳固了自己作为东方大国的地位，维也纳在解除了土耳其的威胁后，修建美泉宫、为土耳其战争英雄——萨伏伊公欧根修建美景宫等，建造华丽巴洛克风格的宫殿成为当时的热潮。

但是，西班牙哈布斯堡家族在 1700 年男性继承人断绝，西班牙王位继承战争再度开启。奥地利哈布斯堡家族也面临着相同问题，皇帝查理六世没有男性子嗣，为以防万一，皇帝于 1713 年对内外宣布了规定可由女性继承王位的《王位继承法》(《国事诏书》)，可其他国家未必会无条件地服从。查理六世于 1740 年去世，他的女儿玛丽亚·特蕾西亚作为继承人接管奥地利时，同一年即位的普鲁士腓特烈二世突然横插一杠。

普鲁士的抬头

虽然史上通称其为“普鲁士”，但普鲁士也是诸领邦的联合体。其中心是在易北河与奥得河之间发展起来的勃兰登堡边境伯国兼选帝侯国（首都柏林），与在遥远东北方、波罗的海沿岸的普鲁士公国（1701 年以后成为王国，首都柯尼斯堡）结合而成的，称作“勃兰登堡 - 普鲁士”或许更符合这个国家的实际存在状态。另外，普鲁士是在东方移民时代建立的德意志骑士团国家，宗教改革后才成为世俗的普鲁士公国。最后一任骑士团团长由此成为第一任普鲁士公，他本人则是 15 世纪以来始终担任勃兰登堡选帝侯——霍亨索伦家族的亲族。17 世纪初，普鲁士家族男性继承人断绝，勃兰登堡选帝侯就以兼任普鲁士公的形式，两个身份相结合，可以说普鲁士的建立经历了非常复杂的过程。

另外，霍亨索伦家族还领有莱茵河西流域，这一领地与勃兰登堡和普鲁士三地在地理上相分离。勃兰登堡与莱茵河西流域之间夹着汉诺威等地，与普鲁士间夹着波兰。因此其东西方向都暴露在随时被卷入战争的危险中，同时，普鲁士如果想要在地理层面上成为“一个国家”，无论如何都必须要合并夹在其中间的这些国家。当时的普鲁士正面临着这些地缘政治问题。由于在西班牙王位继承战争中普鲁士选择站在奥地利一方，因此神圣罗马帝国领域外的东普鲁士允许拥有其特别的王号。之后，其国家整体虽然可以称作“普鲁士王国”（为了与国家整体称呼作区别，旧普鲁士后称为东普鲁士），但普鲁士还是没有改变其分散的状态。为了确立绝对主义，普鲁士必须付出更多。

普鲁士的军国绝对主义

普鲁士通过建设军队推动国家体制绝对主义化，构建可以支撑国王权力的强有力的常备军；确保作为财政保证的常规性租税收入，为此设立税务行政机构；与此同时，还要促使改革得到贵族势力认可。普鲁士面对的种种问题，由大选帝侯腓特烈·威廉[1]（1640—1688 年在位）踏出解决的第一步。1675 年，瑞典入侵勃兰登堡之时，腓特烈通过费尔贝林战役攻破瑞典，解放勃兰登堡，之后被称为“大选帝侯”。普鲁士的绝对主义，可以说是从 1653 年腓特烈与勃兰登堡的领邦贵族缔结了军事税协约开始的。作为交换条件，选帝侯不得不承认贵族各种各样的地方性特权，特别是认可贵族对于其领下农民几乎无条件的控制权。这些贵族充分利用其农民控制权，进而发展出被称为“庄园经济”（Gutsherrschaft）的独特农场领主制。

1　一译“弗里德里希·威廉”。

封建领主土地所有制与农场领主制

领主制是领主对农民控制保护权的总称，其核心是通过控制土地——封建领主土地所有制——不管是谁，只要耕种了领主的土地，那么他就要向领主交纳各种年贡租金，理所当然得要进行徭役赋税劳动。在易北河以西的旧德意志地区，领主将大部分农田都委托给农民自家耕作，90% 的农地成为农民保有地，自己直接经营农场的情况很少，徭役赋税并不苛刻。所谓领主制是以收取年贡租金为核心，形成一种比较宽松的控制关系。与此相对，在勃兰登堡等易北河以东的发达农场领主制下，领主的直营农场是控制中心。领主通过强大的领主特权扩大直营农场，通过剥夺农民迁移的自由等人身控制，迫使农民像奴隶一样徭役劳动，经营自己的农场，并将作物出口至西欧各国。这就是将营利性农场经营与封建性农民控制结合的独特农场领主制。

贵族领主与军国体制

这样以农场为基础的地方贵族势力（之后被称为“容克”），面对国王也保留着一定独立性，不会轻易服从国王的命令。“军人王”腓特烈·威廉一世[1]（1713—1740 年在位）一方面竭尽全力制伏这样的贵族，强行征收贵族的课税；另一方面将贵族提升为军人、官僚，对其进行改造，使其成为对国家有用的存在。

腓特烈一世几乎将所有贵族子弟强制任用为军队将校，作为补偿，他赋予了将校国家第一等级的身份，自己也身穿军服，和将校团体融为一体。他用这种方法将贵族与国家结合，这个贵族将校团与根据征兵制的农民兵士一起，构建了与国家大小不相称的强大军队。在欧洲的国家排名中，普鲁士的人口为第 13 名，国土面积为第 10 名，军队规模为第 4 名。同时，他一边控制着贵族，一边整顿支撑着这个军事国家的官僚制。腓特烈一世还将身高较高的士兵组成“巨人近卫连队”等，这些颇为异常的趣味虽然偶尔会成为被嘲笑的对象，但是他在普鲁士的绝对主义国家的建设中发挥了最大的作用，他通过节俭开支成功地积攒下巨额军费。

“军人王”留下的军队与军费被长子[2]腓特烈二世[3]（1740—1786 年在位）继承并充分使用，普鲁士一跃成为欧洲强国。其后，腓特烈二世率先对奥地利发起挑战。

1　一译“弗里德里希 · 威廉一世”。

2　此处应为次子，他因兄长早逝而被立为王储。

3　一译“弗里德里希二世”“腓特烈大帝”。

奥地利王位继承战争及七年战争

奥地利王位继承战争，是普鲁士的腓特烈在承认玛丽亚·特蕾西亚继承奥地利诸领邦，以及承认她的丈夫洛林公弗朗茨·斯特凡继承神圣罗马帝国皇帝时，要求获得连接奥地利与普鲁士的西里西亚。西里西亚对于奥地利来说是资源最丰富的土地之一，玛丽亚·特蕾西亚自然拒绝了他的敲诈，战争由此爆发。作为当时战争的常态，这场战争也很快就变得国际化了，如反哈布斯堡支持普鲁士的法国，与法国对抗的英国，围绕与德国毫无关系的海外殖民地也发生了战争。仅从德国的角度来说，腓特烈暂且让巴伐利亚选帝侯成为皇帝（即查理七世，1742—1745 年在位），从哈布斯堡家族夺取了帝位。新帝即位三年便暴毙，腓特烈又以已经占领的西里西亚的领有为条件，将帝位归还哈布斯堡家族，这件事暂时得以解决。

但是，玛丽亚·特蕾西亚一方并没有认为矛盾就此终结，她的丈夫洛林公成为神圣罗马帝国皇帝（弗朗茨一世，1745—1765 年在位，哈布斯堡家族随之变为哈布斯堡—洛林家族），在与帝国的关系中她只不过是“帝妃”。但哈布斯堡家族的家主、奥地利的控制者任命她为匈牙利和波西米亚女王，是奥地利女大公（丈夫是“共同统治者”）。内心燃烧着对腓特烈复仇的烈火以及夺回西里西亚执念的她，得到了首相考尼茨伯的协助，用从敌人普鲁士那里学到的方法对奥地利国内体制进行整顿，外交方面编织普鲁士包围网。欧洲传统同盟关系逆转从奥地利与宿敌法国联手作为开端（“外交革命”），与腓特烈讨厌的俄罗斯伊丽莎白女皇结盟，进而与瑞典结盟，联合了大半的德国诸侯成为己方的力量，将普鲁士完全包围起来。察觉到危险已经走投无路的腓特烈先下手引发战争，这场战争就是“七年战争“（1756—1763）。

从人口比例上来说，这场战争被称为是 500 万人对 9000 万人。在压倒性的敌军面前，腓特烈曾一次又一次被逼入绝境，再一次又一次地重整态势、继续战斗。不仅是德国，这场战争给了欧洲各国非常强烈的印象，长期战普鲁士没有胜利的希望，奥地利也陷入了财政困难（奥地利在战争中削减了军队），最终以俄罗斯政变为契机走向和平。阵营双方都消耗殆尽，结果却是“平局”。付出了如此巨大的牺牲，不过是再次确认了奥地利王位继承战争的结果，可以说更大的后果是德国国土再次荒废。就此，德国终于进入没有大型战争的时代。在法国革命开始前的四个半世纪，是德国第一次大改革的时代。

③ 绝对主义改革的时代

绝对主义改革的时代

具体有哪些举措呢？在普鲁士，第一是开发和移民（开垦荒地）政策，扶植工场手工业与振兴贸易。普鲁士的重商主义政策始于大选帝侯时代，为吸引胡格诺派教徒，腓特烈·威廉一世积极推进这一政策，令被流放到萨尔兹堡的新教农民迁入垦荒地区、扶持制造军服的国营工厂，腓特烈二世继承了其父的做法。奥地利王位继承战争后，腓特烈立刻致力于奥得河流域的灌溉与开发，其自夸"和平地获得了一个新领邦"之事相当有名。这个时代腓特烈还开发了连接奥得河与易北河的运河。开发、移民与开凿运河在七年战争之后大规模地持续着，从国库中也支出了巨额的开发资金。这一时期，普鲁士的外国移民非常多，据说在腓特烈的统治末期，普鲁士人口的五分之一是从外国来的移民及其子孙。腓特烈二世还大力振兴通商关系，在中央行政官厅总监理府下新设立工商业和矿山以及森林相关的各机关部门。后来普鲁士改革的指导者弗里德里希·冯·施泰因，就是在矿山部门积累了丰富职场经验的内务官僚。

18 世纪后半期是“启蒙时代”，这个时代的改革当然也受到了这个时代思潮的影响。在普鲁士，最能体现的是康德所称赞的“言论的自由”，另外还有司法手续的合理化与拷问的废止，以及制定《普鲁士普通邦法》（1794 年），实现法典的统一编撰。

在启蒙的影响下，奥地利的约瑟夫二世（1765—1790）的改革更为显著。奥地利的改革在玛丽亚·特蕾西亚时代业已开始，除了集中整顿国内行政机构，引入统一关税制度，有计划地向匈牙利殖民以外，加强对天主教会的国家监督权也是改革颇受注目的点。1780 年，约瑟夫亲政期开始，此前在奥地利的国内政治中，他不过是其母的“共同统治者”。由此，改革速度陡然加快。直至 1790 年约瑟夫离世的这十年间，他以非常快的速度出台了约 6000 个改革法令（虽然朝令夕改的也很多）。依据《宽容令》，奥地利承认了新教及希腊正教的信徒的公民权同权，对犹太人生活的限制也大幅缓和。进一步推动接入教会，废止和教育、社会活动无关的所有修道院，没收其土地、财产，令其在国家的规定内培养司祭和维持生活。通过修改刑法废止死刑，并在刑法、民法方面，大幅消除了法律面前的身份差异。通过承认农民的人格自由、职业选择自由，在王领地中可用金钱取代缴纳徭役等，改善农民现实生活状态。虽然存在着无视现实且过于激进，晚年时的约瑟夫重归保守态度并撤回相当一部分改革法令的情况，但是《宽容令》和农民的人格解放、修道院的废止等还是作为永久成果被保留下来。

何为启蒙绝对主义

腓特烈二世与约瑟夫二世的政治一般被称为“启蒙绝对主义”，从中确实可以看出当时启蒙思想的影响。但是再进一步，如果想用启蒙思想来说明其政治以及改革的成就整体，或者想在启蒙思想中寻找改革的原动力的话，立刻就会遇到无法说明的困难。那是因为在其中有非常多的要素和启蒙思想及其经济思想与重农主义不相容，还有非常多旧式权力政治及旧式重商主义的要素存在。根据启蒙的解释，原本启蒙与绝对主义就是不能并存的，启蒙绝对主义就是一个矛盾的概念。

我此处无法围绕启蒙绝对主义详细地介绍学界的讨论，

但是从结论上来讲，这个概念比起启蒙，我们应该把重点放在绝对主义上来进行理解。所谓的启蒙绝对主义，就是指被涂上启蒙思想色彩的绝对主义，我认为理解到这种程度就可以了。

另外，即使是一般被认定为启蒙性的改革，根据观点的不同，实际上也可以说其是扎根于绝对主义本质的。关于国土开发与移民政策无须再做说明，宗教性的“宽容”等不也是如此吗？宗教性信念的对立会归结于万人对万人的战争，为了回避此种事态，为国内带来和平，人们将所有的权力都委托给国王，并顺从其统治。反之，只要人们服从其统治，国王会将信仰当作个人良心的问题，他的统治不会涉及内在领域。这是将绝对主义的必然性进行理论化的霍布斯的逻辑，实际上，欧洲的绝对主义各国通过承认与国家宗教不同教派的存在，为国内带来了和平，使绝对主义国家获益。因此路易十四世废止费迪南的敕令，夺走胡格诺派教徒的居住地，本身就是与绝对主义的逻辑相悖的。暴力性地再次强推天主教的奥地利，之后不得不重新颁布《宽容令》。难道不是这样的吗？虽然是迟来的启蒙色彩浓重的《宽容令》。

但是这不仅局限于《宽容令》，对整个绝对主义性改革也可以这么说。德国被外国侵攻，内部又引发战乱，推迟了本该进行的绝对主义改革，甚至推迟到18世纪乃至18世纪后半期。正因如此，本应更早进行的改革就这样加入启蒙主义色彩。我思考着，如果真的如此认定的话，德国会是什么样的呢?

改革的传统

推迟改革结合时代因素，各类改革同时进行，赋予这一时期的德国有着其他国家所没有的独特色彩。1775 年，美国独立战争开始。法国沉沦在绝望的财政困难中，几度想要尝试改革，但都在贵族的抵抗中饱受挫折，政治很快就陷入泥沼之中。在这样的时代背景下，德意志诸国在一段时期内几乎同时着手致力改革。这场改革的潮流还卷入了许多的中小国家，萨克森以弗莱贝格的矿山学校为开端，开展的各种实业教育成为他国典范；巴登巴登将重农主义的农业政策作为国策以图振兴农业；萨克森—魏玛的国主查理·奥古斯特与文人大臣歌德一起致力于改革等，中小国家的改革也多姿多彩。这些改革并不是都获得了成功，即使有像奥地利那样又回到保守的情况，但在法国革命前拥有一段改革的时期，在德国人中以集体性记忆保留下来。在奥地利虽然被称为“约瑟夫主义”，但也可以说在德国改革的传统就是从这个时代开始的。

另外，作为这场改革的关键人物，出现了与国王的封建家臣不同，拥有自我意识的新时代国家官僚，也是这一时期改革的永久成果之一。普鲁士在 1770 年之后引入司法考试和行政官考试，其他的国家也进行效仿。通过大学入学测试这样的学历门槛与考试门槛，产生了一批与出身和门路无关的“能力型贵族”，即国家官僚。从这点来看，德国无疑是欧洲最先进的国家。

大学这时也有新的动向。绝对主义时代是大学的衰败期。学部组织作为教授的同业协会而僵化，宗派主义使学术丧失了普遍性。欧洲大多数国家，研究学术的场所从大学转向了学会（学士院）。在这样的风潮中，作为普鲁士的大学而创建的哈雷大学（1694 年设立），率先采用德语而不是拉丁语进行授课，致力于学术实用化，官僚的国家经营学——官房学讲座最初就是在这里设置的。另外，汉诺威的哥廷根大学（1737 年设立）接受新旧两宗派的学生，为大学吹入了自由的空气，可以自由阅览的大学图书馆以及研讨会制度就是从这所大学开始的。19 世纪德国大学的惊人发展，就是这些变化的结果。

在这样的大学中被教育出来的精英官僚，担负起德国的下一个时代。

第 6 讲

通往德国统一的道路

聚集在维也纳会议的诸国代表

大事年表

1789 年	法国大革命爆发
1792 年	开始与法国的战争
1806 年	西南德国诸邦结成“莱茵联邦”，神圣罗马帝国灭亡，普鲁士在与拿破仑的战斗中大败
1807 年	《提尔西特条约》，“普鲁士改革”开始
1809 年	奥地利与拿破仑之战战败，梅特涅就任外交大臣
1813 年	对拿破仑解放战争（—1814）
1814 年	维也纳会议（—1815）
1815 年	德意志联邦成立
1817 年	大学生协会的瓦特堡集会
1819 年	卡尔斯巴德决议
1834 年	德意志关税同盟成立
1848 年	三月革命，通过德意志国民议会尝试德意志的统一（—1849）
1859 年	意大利统一战争，奥地利失去伦巴第
1862 年	俾斯麦就任普鲁士首相，与议会产生激烈的对立
1864 年	普鲁士·奥地利，对丹麦战争胜利
1866 年	普奥战争，俾斯麦与议会和解
1867 年	北德意志联邦成立
1870 年	普法战争（—1871）
1871 年	德意志帝国成立

1 最初的拿破仑时期

向着新时代

1789年法国大革命发生时，德意志的舆论对它还是有好感的。关心政治的知识分子对法国腐败堕落的王室，以及没有能力改革的政府被民众弹劾一事拥有同感，即使是从各国政府的立场来看，曾经作为欧洲的控制国、威风凛凛的法国出现政权不稳并不是什么坏事。但那个时候人们所期待的未来与法国革命初期的指导者所期望的一样，即通过立宪限制王权以及允许国民有某种程度的政治参与权。这场革命最后发展到暴力性民众革命乃至颠覆王权等，都是当时的人们预想之外的事。随着法国革命的急速推进，德意志的舆论也急速转向，很快趋于保守。奥地利公主玛丽·安托瓦内特作为法国王后成为革命的俘虏，奥地利与普鲁士共同干涉革命都刺激了法国的革命派和民众，然后敌对关系的恶性循环开始，最终演变为战争。

拿破仑统治下的德意志

始于 1792 年的这场战争，从法国的角度是其面对外国的干涉，捍卫新生国民国家的战争。但是在战争过程中，法国因革命的急速推进而导致国内一片混乱，将军拿破仑借机掌握了权力。在法国胜利行进的过程中，战争性质从法国保卫战争变成拿破仑为了统治欧洲的战争。德意志诸国的军队无论如何战斗，都在法国军队面前不断败退，德意志诸国面对此种情况做出了各自的选择。

采取最功利性行动的是普鲁士，这个国家很早就对战争失去了信心。1795 年 4 月，普鲁士单独与法国缔结了《巴塞尔和约》，退出战线，之后佯装中立的同时向东扩张，通过瓜分波兰扩大其领土。其间，波兰夹着的东普鲁士和勃兰登堡在第一次瓜分（1772）后形成了地理上的连接，在后来第二次、第三次的瓜分中，华沙也成为普鲁士的领地。

在立场上最纠结于面子的是奥地利，它与英国联合作战但一直失败。1805 年 12 月，奥地利在奥斯特里茨的“三皇会战”再次失败，同月，奥地利在普莱斯堡讲和中向拿破仑屈膝认输。

其间，德意志的中小国家失去了可以信赖的后盾，最终于1806年7月结成“莱茵联邦”，让法国皇帝拿破仑担任其保护伞，该联盟最终成为拿破仑统治德意志的机构。1801年后，莱茵河左岸成为法国领地，右岸开始削减小国的领域重组。重组的过程中，300多个领邦国家被重整为约40个国家，“莱茵联邦”的各个国家可以说是受到了拿破仑照拂，领土得以扩张并生存下来。这些国家在结成联邦的同时宣布退出神圣罗马帝国。1806年8月，维也纳的皇帝舍弃了神圣罗马皇帝的帝冠，之后仅维护着自己作为奥地利皇帝的帝位。神圣罗马帝国就此宣告灭亡。

同年10月，一直严守着中立立场的普鲁士突然轻率地向法国发起挑战，但很快就失败了，然后又被同盟沙皇俄国所抛弃。1807年，普鲁士在与提尔西特的讲和中陷入了失去一半国土及人口的屈辱深渊。三年后的1809年，当初作为旁观者的奥地利单独向法国发起挑战并宣告失败，从而失去德意志的指导国地位。作为战败国的奥地利将公主玛丽·路易斯嫁给拿破仑，也是为了生存下去的策略，策划此事的正是战败后任奥地利外交大臣的梅特涅。就这样，德意志全体都屈服于拿破仑。

为了创建新国家的改革

英年早逝的现代德国历史学家尼佩代在其著作《德国史：1800—1866 年》(1983)的开头部分，有一行写着“一开始正是因为有拿破仑”。它的意思就是说，在拿破仑的统治下开始了新德国的创建。但是那时所谓的国家创建，只不过是普鲁士、巴伐利亚这种领邦国家水平，并不是德国这一国家的创建。神圣罗马帝国消亡后，实际上德意志这个国家无论从形式上还是其他方面都已经不复存在。

在这些改革当中，施泰因和哈登贝格指导的普鲁士改革最广为人知。认可市民参加市政的城市规程，将农民从与领主的隶属关系中解放出来的农民解放，还有根据研究与教育的自由这一全新大学理念创办的柏林大学等，在日本的世界史教科书中也均被提及。

改革不仅限于普鲁士，莱茵联邦诸国，特别是成为其中心的巴伐利亚、巴登巴登、符腾堡等西南德意志诸国也在改革。普鲁士被拿破仑击败，国家面临存亡危机是其改革的原动力，而西南德意志诸国则是出于将新获得的杂乱领土归于统一性国家的行政需要，非自愿的、被迫式的改革。不管怎么说，国家需要是其改革的原动力，承担改革立案、实施的是启蒙绝对主义时代以来的国家官僚。改革自上而下强制实行，强加给未必对改革抱有期望的国民。让国民参与到政治中，同时意味着立宪成了这些国家未来的课题。

从国家创建的观点来看的话，应该可以说各国的改革还是取得了相当程度的成功。这一点从当时的巴伐利亚、巴登巴登以及符腾堡，即如今德国的巴伐利亚州、巴登巴登—符腾堡州可以看出。巴伐利亚虽然是以中世纪以来的悠久历史为荣的联邦州，但为现在的巴伐利亚打下基础的是 19 世纪初拿破仑时代的这场改革。

普鲁士通过改革成功地对国家进行了重建，其成功与改革能力为这个国家打开了作为德国领导国的道路。另外，没有留下任何值得一看的改革实绩的奥地利，在政治公论中被认为是“落后的国家”。

解放战争

1812 年冬，当以称霸大陆为目标的拿破仑在远征沙俄失败告终的时候，出现了从拿破仑的统治中解放出来的机会。而乾坤一掷，赌上这个机会的是被拿破仑流放到国外的施泰因以及和他一起的普鲁士“爱国者们”。他们推动国王与沙俄结盟，1813 年春，两国向法国宣战。

但是两国并没能一鼓作气地将重振态势的拿破仑打败，

暂且达成休战的两个阵营互相争夺，都想将奥地利拉到自己的阵营。奥地利外长梅特涅从势力均衡的观点并不希望拿破仑完全没落，他希望拿破仑克制征服欧洲的愿望，但拿破仑认为自己的权力只有通过胜利才能得到保证，并没有听从梅特涅的劝说。最终，奥地利加入反拿破仑同盟。至此局势已定，其结果即是 1813 年 10 月发生在莱比锡的“各民族大会战”。

战争前线始终跟随拿破仑的莱茵联邦诸国，看到拿破仑的形势不利后陆续转向同盟一方。梅特涅保障这些一直以来作为拿破仑从属国的国家主权和领土，将各国拉拢到自己的阵营。战争虽然由普鲁士主导，但奥地利握有外交的主导权，这与战后的维也纳会议密切相关。

❷ 维也纳体制

正统主义与势力均衡

一般认为，领导维也纳会议（1814—1815）的梅特涅，将正统主义和势力均衡作为其指导理念。但是如果囫囵吞枣地去理解，就会误解他的政治技巧。

所谓正统主义，是指将革命前的统治者作为正统的统治者，将革命前的统治关系进行复辟的复古理念。维也纳会议上，不仅是法国，西班牙以及那不勒斯也复辟了波旁家族的王朝。但是梅特涅并不是教条地信奉这个理念，原本他也不希望拿破仑没落，对革命前的神圣罗马帝国复辟等也不屑一顾。

对于梅特涅而言，正统主义使欧洲恢复势力均衡，是为了将恢复的新秩序正当化的权宜之计。通过保持欧洲各大国间势力均衡，维持现行秩序，进而维持欧洲和平，是他的政治理念精髓。维也纳会议后，在他的指导下，欧洲好歹得以度过了近半个世纪没有战争的日子，必须给予其恰当的评价。

另外，所谓的势力均衡，绝对不是一成不变，而是如果某一个国家发挥力量打破均衡的话，其他国家团结一致去抑制它。其实是指不让某一个国家握有主导权，维持力量均衡，时时变化的政治策略。因此这种均衡需要经常进行修正，调整的场合就是以维也纳会议为开端的几次国际会议。梅特涅的外交，正是依靠会议的外交。

德意志联邦

通过维也纳会议结成的德意志联邦代替了神圣罗马帝国，是由约 40 个德意志诸国（主权邦和自由市）组成的联邦组织，其本身也可以说是欧洲势力均衡的缩略图。说起来，汉诺威的君主是英格兰的国王，荷尔萨提亚的君主是丹麦的国王，卢森堡的君主是荷兰的国王，德意志联邦简直是“国际化”的君主同盟。

联邦在法兰克福拥有作为其机关的联邦议会（也可以说是帝国议会的后身，各国的公使议会），奥地利是长期的议长国。虽然在这里表现出奥地利的领导性，但这个国家并没有掌握领导权。联邦构成国（之后称为“联邦国”）根据国家的大小分配选票，制定了不偏向任何一国的分配方法。在总共 69 票之中，奥地利、普鲁士各 4 票，巴伐利亚和巴登巴登也都是 4 票。但是实际上，如果遇到普奥两国一致，其他邦也不得不随从。如果普奥两国没达成一致，联邦本身都无法行动。

这时的联邦构成国无法认为其是作为“德意志”的统一国家，为了欧洲的势力均衡，德意志还是不要成为强有力的统一国家比较好，梅特涅正是如此作想的。对他而言，民族统一原本就不值一提。他率领的奥地利最初是从捷克、匈牙利一直延伸到北意大利的多民族国家，奥匈帝国本身是与民族统一、民族自决等原理完全不相容的性质的国家。如果非得实现民族统一，奥匈帝国就只有解体一途。当然，第一次世界大战后，奥匈帝国实质解体。

围绕自由和统一

但是，当以法国为首的近邻诸国都开始走上近代国民国家发展道路的时候，德国还依旧保持现状是否正确呢？应该说，德国国民产生对这一体制的疑问也是非常自然的事情。要求国民统一国家的活动（德意志统一运动），与在改革时代确立被“推迟”的国民权利，以及要求国民政治参与的活动（追求宪法和议会的自由主义、立宪主义运动）相结合也是一种自然趋势。率先领导这场追求自由和统一运动的是“大学生协会”这一新的学生组织的学生们，他们于 1817 年 10 月在与路德相关的瓦特堡[1]山城，以纪念宗教改革和解放战争[2]为名，掀起浪潮。众所周知，梅特涅镇压了这场学生运动（1819 年的“卡尔斯巴德决议”）。

更重要的是，其间，西南德意志的旧莱茵联盟诸国作为“国家创建”的最后一步，颁布了各自的宪法，开设了议会（巴伐利亚和巴登巴登，1818 年；符腾堡，1819 年）。梅特涅虽然想要抑制这个动态，但是没能控制住。当然，联盟诸国还没有实现普遍选举，但不管怎么说，德国的部分邦国议会政治制度开启，这是向着实现“自由”迈出的很大一步。

但是，德意志联邦部分邦国的立宪化以及议会政治制度的开始，也从一个侧面反映了诸邦分立体制的强化。如果在德意志统一之前实现了各邦国的自由主义和立宪主义要求，诸邦国建立起作为近代国家的体制，那么与其说这种行动是在促进德意志统一，不如说它会成为德意志统一的阻碍。诸邦分立的德意志，“自由”和“统一”未必是预想中的和谐关系，这成为无法承担德意志自由主义统一运动的难题。

1　曾是路德的政治避难地，当时属于较开明的魏玛公爵管理。

2　即莱比锡大会战。

③ 1848 年革命

三月革命

1848 年 2 月，法国“二月革命”爆发，受其余波影响，“三月革命”在德意志爆发。维也纳、柏林以及各地要求改革的群众运动扩张，各联邦国的保守政府接连倒台，成立了自由主义的“三月内阁”。在农村，特别是在农民解放等改革迟滞的地区，发生了非常激烈的农民暴动，迫使政府实行改革。另外，在维也纳，梅特涅垮台逃亡，早已显露问题的“维也纳体制”毫无悬念地宣告破产。

德意志各邦国迅速完成了拿破仑时代开始的改革中拖延积压的部分，因为改革已经有所成果，完成得也就比较顺利。具有代表性的领主制由于农民解放虽已解体，但德意志所谓“近代化”的改革，通常认为是始于拿破仑时代，经过

“1848 年革命”完成。尚无宪法的奥地利和普鲁士决定重新召开立宪国会，准备制定宪法。

德意志国民议会的改革路线

宪法为全德意志的利益而筹备，经过各邦选举，5 月在法兰克福的圣保罗教堂召开德意志制宪国民议会，承担制定宪法的任务。虽然个别邦国已经实质性存在，甚至有了一些改革成果，但议会依旧以德意志作为联邦制国家统一为目标。但这绝不意味着单纯的以统合各邦国就能结束，必须要具备德意志国民自由主义的统一内核，必须要具备全德意志宪法和德意志议会，建立真正的立宪制国家，这当然也是自由主义者的愿望。实现这一德意志各方愿望的第一步，便是召开德意志国民议会。

这次国民议会是当时精英阶层参与的议会，由于参加的学者特别多，还被称为“学者会议”，参加者多为司法、行政方面的官吏，这就是当时指导着德意志发展的知识市民阶层的实际状态。议会虽然通过革命产生，但主流与其说是革命不如说是改革，否定了反对君主制的共和主义。并且，以民众暴动形式实现共和制的革命运动，与巴黎“六月起义”的都市下层居民骚乱一样，成为被彻底打压的对象。

全德意志宪法与奥地利

不管怎么说，国民议会在拟定全德意志宪法方面全力以赴，可以说这是为了建立新国民国家的一次宏大尝试。但是在学者们反复议论的过程中，反而失去了实施统一宪法的政治时机也是事实。议会从制定国民基本权利开始，这一条后来成为魏玛共和国宪法以及现今德国基本法的基础文本，12 月完成并公布。那时候，德国的政治世界已经转向了反革命。

起决定性作用的是奥地利的反革命运动，奥地利在革命之初，不仅依靠以维也纳为中心的立宪主义运动，领内各地的民族主义运动也风起云涌。当时，属于奥地利领地的威尼斯、伦巴第和匈牙利爆发了意大利人和马扎尔人的民族独立运动；在波西米亚，捷克人也发起了民族运动，多民族的奥匈帝国面临国家分崩离析的困境。6 月，温迪施格雷茨将军用军队的力量压制了布拉格的群众起义；8 月，拉德斯基将军在北意大利取得胜利，由此战争的风向改变；10 月，为阻止向匈牙利出动军队，维也纳爆发了群众起义，这次群众革命运动远远超过“三月革命”，但最终也被军事力量残酷镇压；11 月，新首相施瓦岑贝格发表了奥匈帝国不分割的一体性宣言。

法兰克福国民议会因此不得不面临正面挑战，之所以这么说，是因为当时法兰克福筹备的统一方案是将继承了旧神圣罗马帝国领地的德意志联邦的领域原封不动地继承，并将其作为统一德意志的国境，而联邦领域外的奥地利所领的意大利及匈牙利则没有纳入“德意志”。换言之，奥匈帝国分为“德意志的部分”和“非德意志的部分”，只有包括波西米亚的“德意志的部分”属于统一的德意志国家。奥地利的一体性宣言否定了该案，并通过维护其国家一体性拒绝了以分割为前提的法兰克福议会提出的“大德意志的”德意志统一方案。

大德意志与小德意志

所谓“大德意志”“小德意志”的议论，也是因这一事态展开。“大德意志（主义）”指，如原本统一方案中那样，始终将奥地利“德意志的部分”（仅此）纳入德意志国家，可以说是依靠所有德意志人建立德意志国民国家；与此相对，“小德意志（主义）”是指，暂且不谈理想，由于现状下无法纳入多民族国家奥地利，建立将其排除在外的德意志诸国联邦国家。按照“小德意志”的理念，普鲁士理所当然地将会获得德意志诸国联邦的领导性地位。

大德意志主义者最初是法兰克福议会的主流，奥地利的德意志人出于民族感情也秉持着相同的意见。但是，重振态势的奥地利在继 1848 年 11 月的一体性宣言后，于 1849 年 3 月又颁布了宣言奥匈帝国独立不可分割的钦定宪法，即全盘否定了大德意志主义，从而动摇了大德意志主义者的立场。结果，本来是大德意志主义者的一部分人不得不放弃理念接受小德意志主义。1849 年 3 月，据此现状制定了“小德意志的”德意志帝国宪法。

革命的终结

但是，被选为德意志世袭皇帝的普鲁士国王腓特烈·威廉四世[1]，拒绝了因“议会的恩惠”而献上的帝位，拒绝承认德意志统一宪法。虽然在中小邦中也有一些国家承认这部宪法，但以普鲁士、奥地利为首的主要国家均不承认这部宪法，且步调一致，他们无可奈何。

在各国政府的指示下，议员们离开议会，一些要求实施统一宪法、想要继续进行革命的激进派发动起义（“帝国宪法争斗”），遭到普鲁士军队镇压。就这样，1848—1849 年

1　又译“弗里德里希·威廉四世”，普鲁士国王（1840—1861），弗里德里希·威廉三世之子。

的德意志革命落幕。即使个别邦国的改革中有亮点，但由国民主导的德意志统一完全失败了，这不得不说是对革命的清算。

❹ 俾斯麦统一德国

五十年代的普鲁士和奥地利

由国民议会统一德意志的尝试失败后，在革命中停止活动的德意志联邦又复活了。但是革命前后的联邦状态发生了很大变化，革命前是在奥地利的保守型领导下，普鲁士协助的形式运营联邦，但这两大国的协调关系已然崩塌。围绕德意志的领导权，两国发生了很多事，在此无法详述。但是，革命后的 19 世纪 50 年代对于德意志来讲是工业化发展的时期，我们必须要记得一个重要的事实——这个时代，普鲁士的经济实力压倒了奥地利。

德意志关税同盟

普鲁士的经济发展与德意志关税同盟的发展同步。1834年，普鲁士主导发起了关税同盟，简言之，就是指政治上独立的数个国家实施关税政策一体化，形成统一的经济领域。维也纳会议后，普鲁士的国土被分为两块，通过维也纳会议获得的西莱茵河周边的领土（莱茵兰、威斯特伐利亚）和以柏林为中心的国家中央部位之间夹着汉诺威等其他国家。西部的领土包括德意志的工业心脏部鲁尔区，与国家中心相分离，非常不利于一国的经济发展。但是，如果夹在中间的国家与普鲁士的关税、通商政策统一，通商政策与普鲁士一体化，两国即使在政治上独立，在经济上也可以同和，这就是关税同盟。普鲁士对关税同盟的期待经历20年的等待，终于通过1854年汉诺威加入同盟而基本得到满足。

奥地利没有加入关税同盟，虽然进行过谈判，但是与对本国工业实力抱有自信、倾向于低关税的自由贸易政策的普鲁士相比，奥地利只能通过高关税来保护尚不发达的国内工业，故在关税政策上没能达成一致。就这样，普鲁士成功地搁置了奥地利的加入。汉诺威加入后，关税同盟的总出口量在1853年到1856年，从3.57亿塔勒增加到4.66亿塔勒（塔勒，马克出现前德意志的基本货币），而奥地利与之相反，从 1.84 亿塔勒降到 1.73 亿塔勒。两国经济实力差别一目了然。

对普鲁士的期待

除经济外，在政治方面普鲁士也处于优势地位。在克里米亚战争（1853—1856）的对立中，奥地利与沙俄关系恶化，后奥地利在意大利统一战争（1859）中失败，失去了伦巴第。外交方面，奥地利也持续“丢分”，内政的重大事件是奥地利革命后撤回了公布的宪法，回到绝对主义体制。与此相对，普鲁士在 1850 年颁布宪法后，虽然迟滞但成为立宪国家，保守派政府也遵守了宪法。

在这样的状况下，原本德意志的自由主义者中就有很多人期待普鲁士，即使是重新增加对普鲁士的期待，也并非不可思议。但是，他们期待的并不是保守的普鲁士，而是实现自由主义化的普鲁士。

俾斯麦的登场

1862 年被任命为普鲁士首相的俾斯麦，无情地打击了上述期待。他就任后不久发表了著名演说，提出“当前的种种重大问题不是依靠演说和多数票所能解决的，而要依靠铁和血”，被奉为“铁血宰相”。实际上围绕军制改革，议会下院否决了政府的预算案，之后就出现了无视议会断然实行无正规预算的暴政。

俾斯麦是1848年革命时作为地方贵族（容克）出身的极端保守派而登上政坛的人物，19世纪50年代作为联邦议会普鲁士代表公使在与奥地利的谈判中获得的经验令他作为政治家极大成长。他在那时感悟到“国民”是政治的一大要素，德意志统一是国民的自然要求，不能否定。在与奥地利争夺德意志的政治领导权时，国民也可以拉拢至己方，但政治的领导权不能交给国民，可以说是这个信念驱使他与议会进行正面斗争。但他在关税同盟政策等经济政策上按照国民的要求采取措施，议会也只能全面支持。处理繁杂国内事务之时，俾斯麦在外交上迎来转机。

普奥战争和与议会的和解

1864年，以丹麦国王作为君主，德意志北端的石勒苏益格-荷尔斯泰因公国与丹麦发生了一场战争，共同参与战争并获得胜利的普鲁士与奥地利围绕战后处理产生对立。后来牵扯到德意志联邦的改革问题，这场纷争最终于1866年变为德意志两大国的战争，其中的细节请允许我在此处略过。普奥战争是短期决战的典型，6 月中旬开始，6 周时间结束，7 月末就缔结了休战条约。

对丹麦的战争展现了普鲁士的军制改革成果，原本坚决反俾斯麦的普鲁士乃至整个德意志的政治舆论出现变化，普奥战争的结果接近于实现了“小德意志主义”的德意志统一，故德意志的自由主义阵营分裂为承认俾斯麦成果的和原则上反对俾斯麦的两派。巧妙的是，俾斯麦迅速捕捉到这一机会与议会达成和解。他承认之前不经正规预算便实施政策是非常规的，并请求“事后批准”预算，议会认可并在事实上信任了俾斯麦。站在不同基础上的政府与议会通过谈判与妥协来运营政治，亦可称其为“协商议会主义”的路线显露头角，成为德意志日后的政治运营方式。

北德意志联邦

俾斯麦一面与普鲁士议会达成和解，一面在德意志问题上采取坚决的措施。德意志重组排除了奥地利，德意志联邦解散。普鲁士将国家分裂出的汉诺威等国，以普奥战争中支持奥地利为由进行合并，将北德意志的大半都变为自己的领土。然后，将北德意志剩下的各国纳入普鲁士的政权系统，建立“北德意志联邦”。虽然巴伐利亚、巴登巴登等南德意志较为强大的各国作为独立国保留下来，但他们也都与普鲁士缔结了攻守同盟，还通过关税同盟紧密联系起来。如果采取强硬手段，或许在这个时间点就能够统一德意志各邦国。但是俾斯麦避开了在这个时间点勉强统一天主教与亲奥地利势力强大的南德意志诸国，纳入普鲁士系统的国家都是依序而入，与关税同盟相同。可以说，俾斯麦并不认为同一民族的同胞就一定要组成完整的国家。

由 22 个邦组成的北德意志联邦将普鲁士国王作为联邦主席，由政治负责人的联邦宰相、各国代表的联邦参议院和国民代表的联邦议会组成联邦国会，已经具备了作为联邦国家的实质。假如将其向南扩大，则能统一德意志各国。给它这个机会的，是想要阻止德意志成长为强国而介入的法国皇帝拿破仑三世。

普法战争和德国的统一

1870 年，俾斯麦反制了拿破仑三世的介入，使对方陷入困境，法国宣战后演变为战争，史称“普法战争”。不仅是北德，南德意志诸国也和普鲁士作为同盟战斗，实际上就是德法两国的战争。面对共同的敌人法国，利用这场共同的战争，俾斯麦一举完成了德意志统一。

在围攻巴黎的 1871 年 1 月，俾斯麦在凡尔赛宫镜厅宣布了德意志帝国成立。北德意志联邦中加入南德意志的巴伐利亚、符腾堡、巴登巴登、黑森（黑森美因河以北的部分已经加入北联邦，所以实际上是三个国家），仅仅将“联邦”和“联邦主席”的名称改为“帝国”和“皇帝”，因此也可以说是普鲁士控制的北德意志联邦扩展到了南部。理所当然，普鲁士国王成为世袭皇帝。但是，与 1840—1849 年革命时不同，不是国民，而是由德意志的诸君主推选出来的世袭皇帝。

普奥战争的时候，俾斯麦并没有向奥地利索要赔款和领土，战后与奥地利的关系也比较快速地得以修复。但与此相对，俾斯麦从法国获取了大额的赔款，也强硬地要求法国割让阿尔萨斯 - 洛林。关于割让领土，围绕俾斯麦的想法也有各种议论，这成为德法关系的“刺”，并在之后的外交关系中留下难以磨灭的阴影。

第 7 讲

德意志帝国的光与影

1871 年，在凡尔赛宫成为德意志帝国第一代皇帝的威廉一世，和注视着他的俾斯麦

大事年表

1871 年	德意志帝国诞生；“文化斗争”开始
1873 年	普鲁士《五月法令》，文化斗争激化；“大萧条”开始
1875 年	社会主义劳动者党建党（1890 年改称“德意志社会民主党”）
1878 年	《反对社会民主党企图危害治安的法令》；柏林会议
1879 年	“文化斗争”结束；德奥同盟
1882 年	德奥意三国同盟
1883 年	《医疗保险法》，俾斯麦开始社会立法
1887 年	《德俄间再保障秘密条约》
1888 年	皇帝威廉一世去世。经过了腓特烈三世的短暂治世，威廉二世即位（—1918）
1890 年	宰相俾斯麦辞任，后任为卡普里维
1894 年	霍恩洛厄就任宰相（—1900）；俄法同盟成立
1900 年	比洛就任宰相（—1909）
1904 年	英法缔结协约
1907 年	英俄缔结协约
1908 年	奥地利吞并波斯尼亚、黑塞哥维那
1909 年	贝特曼·霍尔威格就任宰相（—1917）
1914 年	第一次世界大战开战

1 德意志帝国的构造

普鲁士的霸权性地位?

新德意志帝国（将曾经的神圣罗马帝国作为第一，也称其为“第二帝国”）是由普鲁士王国、巴伐利亚王国、萨克森王国等 22 个邦和 3 个自由市（汉堡、不来梅、卢卑克）这 25 国组成的联邦国家。神圣罗马帝国时代曾有 300 多个大小国家，在德意志联邦中被整合到不足 40 个，进而又缩减为 25 个。不过，这 25 个国家的势力关系并不对等。仅以国土大小来对德意志联邦诸国进行排位是完全错误的，普鲁士的面积、人口几乎占据德意志联邦的三分之二。国土面积第二的是巴伐利亚，但它的国力顶多排在第四名。原本普鲁士也算是大国，但并没有成为如今这样具有压倒性优势的大国，它是在普奥战争之后的诸国合并中才具有了现在的规模。普鲁士经常被称为“小德意志”，其实称它为“大普鲁士帝国”更为适合。

普鲁士的优势地位在联邦的国家制度中也得到了体现。普鲁士国王是帝国世袭的皇帝，皇帝任命宰相行使帝国的政治统治权，宰相通常由普鲁士的首相兼任。帝国成立之初并没有整顿帝国的政治组织或官厅组织，暂时由普鲁士的大臣、官厅等承担帝国的政治统治功能。

联邦参议院的票数分配

普鲁士	17
巴伐利亚	6
萨克森	4
符腾堡	4
巴登巴登	3
黑森	3
梅克伦堡 - 什未林	2
不伦瑞克	2
其他 17 个小国	各 1
计	58

霸权与均衡

普鲁士在帝国中的优势地位毋庸置疑，但如果据此认为普鲁士可以为所欲为，那就大错特错了。这一点从取代旧联邦议会的联邦参议院的票数分配上（参考上表）可以看出。

帝国的立法机构，包括作为国民代表机构的帝国议会和各国政府代表的联邦参议院，其特征是在帝国的立法、行政方面联邦参议院的权限较大，联邦参议院的总票数为 58 票，其中普鲁士为 17 票，占总票数的 30%。票数分配显然是刻意限制过的，修改宪法时需要特别多数表决，即全体四分之一的 14 票就能否决，因此普鲁士以一国之力就可以阻止对自己不利的宪法修改。但是，巴伐利亚等几个国家如果团结起来，也能比较容易地阻止普鲁士的强压。所以我认为与其说是普鲁士强压阻止修宪，不如说是中小国也各有顾虑（各有一票的小国票数合计与普鲁士相同）。普鲁士有着压倒性的国力，但也无法强行压制联邦其他诸国，互相牵制并保持均衡，这就是德意志帝国的政治结构。

牵制与均势的体制

这种牵制与均势的关系，也反映在帝国议会与联邦参议院的关系上。帝国议会通过男性公民选举选出，可以说是当时最为民主的国民代表议会。理所当然，它拥有法律的决议权、预算审议权，无论是谁都不能跨过议会行使帝国的政治权利。那么帝国议会是帝国政治的中心机关吗？并非如此。联邦参议院拥有对法律的认可权，最终决定权属于参议院。一方面，宰相的任免权握在皇帝一人手中，议会没有实质权限，它无法通过不信任决议推翻政府，不能开展类似英国的议会主义政治；另一方面，政府不能将议会作为敌人，否则法律和国家预算都无法成立，也无法开展国家层面的政务。所以政府虽然没有被议会所束缚，但也不能无视它，可以说二者正是牵制与均势的关系。

天生的外交家俾斯麦运用外交手法管理内政，通常认为这一手法体现在他所建立的德意志帝国的体系之中。帝国议会与联邦参议院相互牵制，参议院中普鲁士与其他国家互相牵制，政府与议会站在不同立场之上相互牵制——不得不说是势力均衡的内政版本。

但是，这种牵制与均势实质并不是为了相互配合去完成某一件事，而是为了防止对方做出不利于自己之事而互相牵制。这样的体制纵然可以有效防止繁杂政治要素中某一个要素的突出，但是也很难配合起来共同实现某一目标，甚至可以说它是一种阻碍。因此，想要驱动这个政治系统必须要有强大的政治力量，德意志帝国约半个世纪的历史，直至 1890 年的俾斯麦时代和之后呈现了巨大的不同，正是其体现。

❷ 德意志帝国的政治与经济

俾斯麦的欧洲外交

独具慧眼的历史评论家塞巴斯蒂安·哈夫纳曾评论说，德意志是比欧洲任何一个国家都要大，但是以一个国家来争取霸权又过于微小的“笨重”国家（［译］山田义显，《德意志帝国的兴亡》，平凡社）。欧洲的势力均衡始终像梅特涅预计的那样，没有统一的德意志内部，奥地利与普鲁士相互牵制。欧洲的均衡因曾经“笨重”的德意志帝国抛开了奥地利而明显遭到动摇，其他国家的目光也立刻转向新德意志帝国。

正因为如此，俾斯麦对外表示德意志已经实现了“自足”，通过宣传本国没有对外需求以消除欧洲各国的疑虑。但法国对德国炽热的复仇之心并不能如此简单地降温，法国总想有所行动但又无法行动。一方面，德意志将除法国以外的国家变成德意志的同盟国乃至于友好国家，想要孤立法国。同时，德国修复了普奥战争中破裂的德奥关系，并建立起德奥同盟（1879），后来这一同盟发展为德奥意三国同盟（1882）。至此，俾斯麦实际上联系起各种同盟关系将法国包围，使法国无法采取任何行动。另一方面，为了让欧洲的国际关系不再发生任何动摇，欧洲的任何一部分出现了战争的危险，他都会作为“公正的仲裁人”进行和平调解。1878 年柏林会议，俾斯麦就像维也纳会议时的梅特涅，将英国视为外交伙伴。虽然德意志没有直接和英国建立同盟国关系，但不能被忽略的是俾斯麦的“和平”外交却是以与英国的友好关系作为大前提的。与其说俾斯麦是受到某种理念的指引，不如说应对处于变化中的国际关系正是他外交的本质。他确实是为了德意志的稳定，也实现了欧洲的稳定，问题是他在德意志帝国内政中没有显示出外交领域所展示的灵活性，更多依赖强权政治。

强权政治

俾斯麦在德意志帝国成立之后，拉拢对他的统一事业给予正面评价并且协助他治国的稳健自由主义势力成为伙伴，致力于帝国作为统一国家的法律整备。另外，对于批判新帝国的势力，俾斯麦将其称为“帝国之敌”，并毫不留情地镇压。其最初的目标是以德意志南方为主要地盘的天主教势力，这股势力在政治上集结，成立“中央党”。俾斯麦获得了反对“教皇永无谬误”观点（1870 年梵蒂冈公会议中提出）的自由主义者的支持，开展了以使天主教会服从于国家规定为目的的“文化斗争”。但是，1873—1874 年普鲁士颁布的《五月法令》等各种教会限制法未能将天主教集团分崩瓦解，中央党的势力也没有减退。

之后，俾斯麦转变了方针，将攻击的矛头对准了新兴起的社会主义势力，还想要以此达成与中央党的和解，以 1878 年《反对社会民主党企图危害治安的法令》[1] 为开端，这场与社会主义势力的斗争最终结束于比“文化斗争”还要大的失败。镇压与怀柔，也就是所谓的“糖果与鞭子”政策中引发的 19 世纪 80 年代的社会政策立法潮，主要法案有《医疗保险法》《灾害保险法》《老龄残疾保险法》，可以说是当时世界上最先进的社会立法。但这些法案并没有对劳动者起到怀柔效果，德意志社会民主党（1875 年，两个社会主义政党合并组建了社会主义劳动者党，1890 年改名为德意

1 简称《非常法》。

志社会民主党）在帝国议会的议席逐渐增加。对社会主义政党固执地采取强权政策的事情成了俾斯麦的致命伤，俾斯麦最终于 1890 年辞职。

失败的统一

一些历史学家常常将俾斯麦的国民统一政策称为“失败的统一”，指在大普鲁士的小德意志帝国中，俾斯麦将一部分不容易被同化的国民烙上帝国之敌的印记，煽动民众对其的敌意，用大家对共同敌人的敌意统合大部分国民的政治手法，简言之，就是政治中的“欺凌”[1] 结构。虽然在对俾斯麦究竟意图做到何种程度还有争论的余地，但是“文化斗争”及《非常法》毋庸置疑有这个因素。失败的统一在国民间制造了深深的裂痕。

德意志的经济发展

即便如此，德意志的经济依然发展得引人注目，其发展

1 原文为いじめ，日文语境中原指人际关系中通过施加精神或肉体上的痛苦，以恶意损害对方自尊心为目的，长期存在、反复发生的一种犯罪行为，此处作者将其语意延伸至政治方面。——编者注

持续到第一次世界大战，几乎没有停滞。帝国创建之后不久出现了“公司设立热潮”的景象，这一热潮在1873—1874年的经济危机中结束，之后经济形势上下波动，于19世纪90年代中期整体进入低增长期（历史学界一般称为“大萧条”）。与过去相比的低增长并不代表德国经济发展停滞不前了，从1895年到第一次世界大战结束，德意志经济再次进入繁荣期，经济重新得到了令人瞩目的发展。

成为德意志经济发展领头羊的是以煤炭和钢铁为标志的重工业，德意志的煤炭生产量从1871—1875年的平均3500万吨，增加到1913年的1.9亿万吨。同期，生铁产量从530万吨增加到2870万吨，德意志的钢铁生产在“一战”前就远远超过了包括英国在内的其他所有欧洲国家。但是德意志帝国的经济特征并不仅仅是煤炭和钢铁这类传统重工业强盛，还有在此基础上发展的电机及化学等具有新时代特征的技术产业，在这一领域，德意志同样引领全世界。在电机方面，西门子和AEG[1]竞争；在化学方面，帝政时代的六大化学公司1925年签署协议，成立伊·格·法本[2]这家大公司。

---

1 艾米尔·拉特瑙于1883年创办了德国爱迪生公司，后来改称德国通用电气公司。

2 全称为“染料工业利益集团”，简称“法本公司”（I.G. Farben AG）。建立于1925年，曾经是德国最大的公司及世界最大的化学工业康采恩之一，总部设在莱茵河畔法兰克福，第二次世界大战后被盟国勒令解散。

除了生产方面的跃进，德意志在通商方面还拥有世界最大的商船队（1913 年有 2000 艘，可载重 430 万吨），总出口额仅次于美国，排在世界第二位。德意志与英国并驾齐驱，成为世界上最大的工业制品出口国。在这个时代，德意志从农业国急速转化为工业国，但农业生产并没有减量，谷物和土豆的产量倍增。同时，德意志的人口也从 4000 万人增长到 6500 万人，德意志从谷物的出口国变为进口国。

政党与团体

德意志在急速转变为工业国的时候，一方面，农业界受到危机感，结成“农业者同盟”（1893）等开展保护农业利益的运动；另一方面，工业界重视工业利益，并且想要实现德国企业的海外扩张。“舰队协会”（1900）就是其中的一个表现。俾斯麦曾想要将年轻的德意志帝国先封闭在“自足”的环境下，但国民中却自发出现了想要突破其框架的行动。另外，政党方面保守党主要代表的是农业界，而曾经俾斯麦的执政党——国民自由党可以说是和工业界紧密相连。中央党作为天主教政党始终保持着其势力，时时紧握政界重新构成的钥匙。代表劳动者的政党社会民主党，在《非常法》失效的 1890 年后，作为马克思主义革命性阶级政党在帝国议会中的议席急速增加，在 1912 年的选举中获得帝国议会第一大党的地位。德意志并不是议院内阁制，无法组成社会主义政党的政府，不过德意志经济的发展确实也提高了劳动者的生活水平。社会民主党最大的支持母体是自由劳动组合，进而在社会民主党中产生了比起发动革命，更重要的是通过现实改革提高劳动者地位的行动，也就是“修正主义”路线。

经济发展将德国社会的利害关系分极化、多极化，各个团体的建立和政党的建立、再建立鲜明体现了这点，问题在于政府如何整合它们各自的利益。

政府与议会

俾斯麦这位具有超凡领袖魅力的领导者离开政界后，宰相的位置由卡普里维（1890—1894）、霍恩洛厄（1894—1900）、比洛（1900—1909）、贝特曼·霍尔威格（1909—1917）相继担任。各政府根据当时的状况，一边改组支持政党，一边试着建立议会中多数的支持基础，但都没有成功地形成稳定的多数派。霍恩洛厄时代末期，他尝试将重工业和农业利益结合实施“集结”政策，但未能持续下去；比洛时代，社会民主党与中央党以外的诸政党联合成立了“比洛联盟”，也由于普鲁士的选举法修改问题及帝国财政改革问题而解散。最大的联邦国普鲁士实行“三级选举法”，根据纳税额的不同在选民投票中加大权重比例，造成歧视性的不平等选举。修改三级选举法不仅是普鲁士的问题，也成为德意志政治的重大问题。另外，直接税成为各联邦国家的收入，帝国的财政依靠专门的关税和消费税（不足的部分依靠各邦的“分担金”），在这样的系统下帝国财政陷入僵局，也成为非常大的政治问题。关于这一点，“联盟”各党的对应有着极大差别。

在第一次世界大战时担任宰相的贝特曼·霍尔威格突然转变观点，想要依赖中央党和保守党，但这两个党在帝国议会中只不过是少数派。在1912年的选举中，社会民主党跃进，执政党一律减少了议席。1913年，在阿尔萨斯的萨韦尔纳军队与居民发生了冲突事件，贝特曼未能压制住军方的过火行为，受到帝国议会压倒性多数通过的谴责决议。但是，以此作为对政府的不信任而明确要求宰相卸任的只有社会民主党，其他党派看起来都是在探索政府是政府、议会是议会这样妥协点的“协商议会主义”（参考前讲137页。体会饭田芳弘《无指导者的德意志帝国》）中的分析，政府和议会是以“两个机关之间的交涉与协调”为基轴的政治运营）框架内采取行动。各党关于多大程度上增大议会影响力，则态度各异。

德意志的孤立化

俾斯麦后，围绕德意志的欧洲情况发生了很大变化。在此处略去细节，结果而言，德意志帝国代替了被俾斯麦孤立的法国，成为被欧洲孤立的帝国。支撑着外交的俾斯麦体制，与沙俄的《再保障条约》(德俄任意一国受到第三国攻击时，约定伙伴国要保持中立的秘密条约)未能更新，沙俄因建设西伯利亚铁路接近提供资金的法国，1894 年成立俄法同盟。德意志虽然摸索着想与英国建立同盟，但是由于德意志为对抗英国海军的建造军舰竞争，以及过于幼稚的新皇帝威廉二世的轻率言行举动(《每日电讯报》事件)等，德意志与英国的关系降温。1904 年英法缔结协约，1907 年英俄缔结协约，转瞬间形成了对德意志的包围网。德意志破坏了自己与英国的关系，对于德意志来讲是致命的。

之后德意志只能依靠德奥意三国同盟了，然而奥地利却将德意志卷入巴尔干问题的纷争。奥地利于 1908 年吞并了曾在柏林会议中获得行政权的奥斯曼帝国领地——波斯尼亚、黑塞哥维那，塞尔维亚对此强烈反对。众所周知，这就是引发第一次世界大战的导火索。

❸ 帝制时期德国的社会万象

军国主义国家

德意志帝国时代，德意志的社会状况如何？最主流的印象可能是“军国主义”吧。德意志引发了“一战”和“二战”，将全世界卷入战乱。当然，这种形象也可能是过去的阴影投射到 20 世纪德意志上所形成的，不过从历史的角度看，这样的印象并非毫无根据。如第 5 讲所述，普鲁士是以军队为中心建立的国家，国家传统就以军人作为国家最高身份的地位而自豪。并且普鲁士凭借军事力量，通过三次战争的胜利统一了德意志诸国，建立新德意志帝国。发动战争的国家并不少见，军人在社会中拥有较高地位也并不是德意志独有的现象，但将战争胜利纪念日设为国家节日的，恐怕别国很难找到相似例子。

另外，“一年志愿兵役制”助长了军队风气渗透到社会。拥有一定学历的民众和普通征兵（兵役三年）不同，可以成为装备自备、为期一年的志愿兵，服完兵役可以被授予成为预备役将校的资格。即使是对普通市民而言也是一种人人趋之若鹜的荣誉，正因为头衔难得，得到的人穿上军装便会更为自豪。本来这只是基于连接军队和市民社会的自由主义观点而产生的，却转变为军国区分市民的一种制度。曾经的德意志（特别是普鲁士），确实是市民喜欢穿军装的社会（望田幸男，《穿着军装的市民们》）。

学术之国

和“军国德意志”迥然相异，德意志还有一种印象——“学术之国”，自然也有其根据。德意志帝国时代，德意志通过学术领导世界，特别是在自然科学领域。例如，19 世纪最后的 25 年间，在物理学（热、光、电气、磁气）领域的新发现中，英国的研究成果有 751 件，法国 797 件，德意志的研究有 1886 件。同时期，在生理学方面，全世界创新研究中的 60% 是德意志的研究成果。当时东京大学刚刚创立，教授们摩肩接踵地奔赴德意志留学，现在想来也是理所当然。前往德意志求学的当然不只日本人，整个 19 世纪，大概有 9 千到 1 万名美国留学生赴德意志留学，据推测，其中大约一半的人在回国后走上了大学的教学岗位。过去曾有一段时间，德语成为在美国取得博士学位的前提条件。德意志学术的优越性部分源于其大学制度，在大革命时期废弃传统大学、制定以职业学校为中心的学校制度的法国，也于 19 世纪末学习德意志，重新恢复了大学制度。

德意志的学术先进性当然不只是源于大学制度，还有国民整体学术水平很高的原因。可以说欧洲的义务教育是从 17 世纪德意志的新教诸国中开始的，德意志的就学率在 19 世纪末期处于世界领先地位，达到 100%。据传，曾任法国教育部长的库赞评价普鲁士为“军营和学校的古典国家”，确实如此。

技术管理者之国

德意志高举研究和教育自由的理念，实际上，即使是研究中心组织起来的德意志的大学（大学教师要有研究成果才能被选中就是从德意志开始的），在那里学习的学生未必都以探索学术为目的。当时大部分学生实际上都是希望大学毕业后可以获得较高的职业资格，特别是成为国家官僚。当时为了上大学必须先取得大学入学资格，高中（以希腊、拉丁古典语言教育为中心的九年制中学）学生的志愿调查清晰地显示了这一点。

德语中有一个词叫“学术派”，就是指大学毕业取得相应资格，然后就职于和这个资格相关的官职、职业的人。具体来说，比如国家官吏、法律学家（法官、律师等），大学教授或者中学老师、医生、圣职者，还有文学家等专业人士。文学家是唯一一个例外，其他职业都要通过大学学习，然后参加某项国家级别考试，最后取得相应资格，其社会性的重任背后依靠的是国家威望。国立大学的大学教授职位自不必说，国家教会制的新教诸国，圣职也是国家的官职。

学术派的社会地位之高，并不只是因为他们与国家结合紧密，从德意志是个典型的“资格社会”的角度来看也可以理解。资格社会，指和学校制度相结合的资格社会（望田幸男编，《近代德意志：“资格社会”的制度与功能》），从19世纪开始逐渐完善。如前文所述，想进入大学必须要先进入高中学习，获取大学的入学资格。一年志愿兵役制的特别待遇，和高中的7年学习（中途结业资格）也相结合，是另外一条通往中级国家官职资格的道路。正因如此，以此为目标进入高中，取得中途结业资格之后退学的学生很多。据悉，当今德国以名人巨匠为起源，通过法律被定下来的专业技能资格有250种，大学毕业后可以取得的法定资格有139种。

19 世纪的法律虽然并没有那么完备，但学术派依然是那种资格社会中最顶层的专业职位。如果使用其他语种的话，也可以称其为“专家型管理者”，即“拥有高度的科学知识与专业的技术，进行社会组织的管理、运营，行使意思决定及行政执行中的权利的技术官僚”（《广辞苑》）。

欧洲市民阶级一般表现为财产与教养，当时德意志的特征就是特别注重传统教养，但德意志式教养市民的实际状态，至少核心是被称为学术派的技术官僚。我认为最适合帝制时代德意志社会特征的称呼是包含专业技能系统的技术官僚社会，不知诸位读者意下如何。顺便一提，军人才是真正掌握军事技术的技术官僚。

各式各样的德意志

即便不论时代都叫作“德意志”，但德意志可谓“各式各样”。按照政治结构来说的话，“帝国”水平和联邦国水平截然不同。日本经常会将普鲁士当作德意志，将发生在普鲁士的事例原封不动地当作德意志的事例，这也是不对的。从政治制度来看，与固守问题诸多的三级选举法、不允许社会民主党参与政治的普鲁士相对，帝国议会中同样也有导入通常选举的联邦国，也有像巴登巴登那样自由主义政党成为执政党的国家。

每个人所身处的生活文化（社会环境），信奉新教的普鲁士与信奉天主教的巴伐利亚就完全不同；归属于普鲁士却信仰天主教的莱茵兰与普鲁士不同；城市与农村不同；同一座城市中拥有财产与教养的社会层居住的高级住宅地区与劳动者居住的地区也不同。我们在进行学术研究前可以将其作为前提，日本对德国联邦或自治体的研究并不完善，我也没有足够能力对其进行综合。但在此，我想要先对迎接城市化时代的德意志人口动态，和以柏林为中心的都市社会，稍微写一些介绍。

年轻的德意志

德意志的人口在 1871 年约有 4000 万，1914 年增长到约 6780 万（以下各种数据主要引用自韦勒《德意志社会史》第三卷，1995）。另外，当初虽然有非常多的海外移民（主要移民至美国），但是移民人数在世纪末显著下降，反倒是从奥地利等近邻国家的人口流入德国的更多。德意志帝国成为人口不足的国家，成为经济持续发展更多劳动力的国家以及经济发展能力仍然十分充足的国家。

急剧的人口增加是因为出生率增长、死亡率下降，19 世纪末，由于卫生状态显著改善，死亡率下降有目共睹，使人类寿命大幅延长。从 1871—1880 年到 1901—1910 年，15 岁男性的平均剩余寿命从 42.4 年延长到 46.7 年，女性则从 44.2 年延长到 49.0 年。这一重大事实对于生活在平均寿命增加的社会中的人们可谓幸事。1910 年，德国每 4 人中就有 1 位男性，每 3 人之中就会有 1 位女性达到 70 岁。当时的德意志尚未迈上老龄化社会之路，德意志 1911 年的人口构成为：6 岁以下占 14.5%，6 至 15 岁 19.7%，15 至 20 岁 9.7%，20 至 45 岁 35.9%，45 至 65 岁 15.3%，65 岁以上 5%。当时德意志社会无论由日本还是世界其他诸国进行评价，都是令人感叹的年轻社会，是充满力量与成长性的社会。我觉得完全可以这么说。

世界都市柏林

1871 年以前的德意志，三分之二的人口居住在农村（居民人数在 2000 以下的村子）。1910 年变为五分之二，农村与城市的比例关系逆转。特别引人注目的是大城市的迅速发展，人口在 10 万以上的大城市由 8 个增长到了 48 个，人口的五分之一，即每五个人当中就有一个住在大城市。

大城市的生活方式塑造了不同以往的现代社会原型，甚至可以说德国现代城市的外形构造也在这一时代得以整顿。近代有名的城市改造，有19世纪50—60年代由拿破仑三世和奥斯曼主导的巴黎城市改造，以及同一时期将包围旧市街的城墙改造为华丽环城大道的维也纳城市改造。德意志帝国首都柏林也于1870年后经历了大型城市改造，除此之外，还将柏林与其拓展到西面的格林瓦尔德森林地带，以及西部的宫殿城市波茨坦进行整体化改造，完全仿造格林瓦尔德修建城市公园这样的宏大计划。在勃兰登堡门周边修建壮观的国会议事堂以及官厅街，也是这个时代发生的事情。

城市的基础设施建设也在进行中。修整上下水道，阶段性的改善卫生状况。为了照明、取暖、餐饮等先供应了瓦斯，后又供应了电气。曾经以铁路马车为主流的市街铁道的电气化始于1881年，于1904年基本完工，这一进程在其他城市大致相同。另外，这些公共事业起初私营，之后推进了公营化。现在看来似乎理所当然，但是在当时的欧洲却是德意志的独有特征。德意志的公营企业发展先人一步，也有人使用“都市社会主义”（亦称“自治体社会主义”）的说法。

至于为什么说德意志特别，则是因为官僚主导的改革传统、都市自治的传统，有各种各样的议论，但实际问题是从农业国向工业国、从农村向城市的转换以远快于其他国家的速度在推进，德意志的住宅、交通等需要快速解决的问题堆积如山，城市当局无论是否愿意都不得不着手解决，这就是其特别之处。20 世纪初，200 万人口的柏林已经有了 1.1 万名城市职员与 1.8 万名雇佣的劳动者，官僚制渗透城市。

“世界都市”一词的首次使用，就是指 19 世纪末德意志的首都柏林。柏林确实充满力量，也的确在向“世界都市”迈进。“世界都市”——这其中既有自负，也潜藏着某种不逊的种子。

第8讲

第一次世界大战与魏玛共和国

第一次世界大战中的交战状况

大事年表

1914 年	第一次世界大战。7 月奥地利向塞尔维亚宣战。8 月德国向俄国宣战
1917 年	2 月无限制潜艇战。4 月美国对德国宣战。7 月帝国议会《和平决议》。12 月与俄国休战
1918 年	1 月威尔逊的“十四点计划”。11 月因水兵叛乱引发德国革命。皇帝退位、亡命。成立人民委员政府。
1919 年	2 月魏玛国民议会。艾伯特当选大总统。6 月签订《凡尔赛和约》。7 月制定《魏玛宪法》
1920 年	2 月成立纳粹党。3 月卡普政变。6 月在国会选举中魏玛联盟败北
1921 年	5 月决定赔偿总金额为 1320 亿金马克
1923 年	法军占领鲁尔。势头猛烈的通货膨胀。11 月希特勒，啤酒馆暴动 / 发行地租马克券
1924 年	4 月关于支付赔款的道威斯计划
1925 年	4 月兴登堡当选总统。12 月缔结洛迦诺条约
1926 年	9 月德国加入国际联盟
1928 年	5 月大选中纳粹党进入国会
1929 年	6 月支付赔款的杨格计划。10 月世界大萧条开始
1930 年	3 月布吕宁内阁。9 月大选中纳粹成为第二大党
1931 年	大萧条影响深刻
1932 年	4 月兴登堡再次当选总统。7 月大选中纳粹成为第一大党
1933 年	1 月希特勒就任总理

❶ 第一次世界大战

1914 年 7 月至 8 月

第一次世界大战的导火索是 1914 年 7 月 28 日奥地利对塞尔维亚的宣战书，但现在众所周知，奥地利宣战是因为其背后有德国政府的强大支援。德国很清楚，此时宣战可能有与塞尔维亚背后的俄国，甚至法国进行战争的风险存在。德国只能寄希望于英国始终保持中立，为此，让俄国先“动手”十分必要，从而营造出德国的战争是“防卫战争”的正当理由。为了动员国内各势力，特别是获得社会民主党的战争支持，这些前期行动极有必要。1914 年 7 月末，沙皇俄国宣布总动员，8 月 1 日，德国向俄国宣战。

从这一预想来看，德国当然应该向东方派军，但是军队却采取了另外的行动，即根据既定策略“施里芬计划”——

在与俄法为对手的两面作战中，先让主力西行，穿过中立国比利时一举攻入法国，顺便打击俄国的两阶段作战——向西而行。德国在侵犯了比利时的中立之后，于8月3日向法国宣战。法国在1日已经发布了总动员令，因此立即应战。英国也以侵犯比利时的中立为由于4日向德国宣战。巴尔干的火花最终转化为世界战争。

德国因为自身的行动没能使英国保持中立，但德国政府在统合国内这一方面非常成功。国民狂热于“祖国防卫战争”，社会民主党议员团也一致赞成政府的战争财政（战时国债）法案。战争中政党间停止争斗、政府和军队同心协力，呈现出“城内和平”的景象。自从德意志帝国成立以来，国民之间还从未呈现出如此的整体性。但是国民狂热和举国一致体制本质是以短期决战结束战争为前提的，参与战争各方的想法与德国大概别无二致。可惜各国的预想全部落空，战争演变为持久战。

大战的推移

9月，一鼓作气攻入法国的德军又被法军压制回巴黎东部的马恩河。另外，俄军的进攻要比德军预想的迅速，虽然德军在8月末的坦能堡战役得胜，阻止了俄军进攻，并向俄国领土发起进攻，但施里芬计划最终以失败告终。在西线，英法联军与德军一直处于对峙状态，并横向拉长了战线，这条“西部战线”最终从瑞士国境一直延伸到英法海峡，双方处于胶着状态。之后的三年半，两军短兵相接，展开了激烈的堑壕战、炮击战。德军一方采用的是物资战，要在最初的三个月将炮弹储备全部用尽。这场战争使用了毒气，动用了飞行战机和坦克作战，也可以说是“科学技术战争”。战争双方付出了巨大的牺牲，德军的战死者约 180 万人，伤者约 425 万人；法国一方的战死者、失踪者约 140 万人，这大概是一场远超过 19 世纪时“战争”概念的战争。

长期的物资战使德国陷入困顿，德国采取举国民之力发动战争的“总体战”体制，据说德国的战时计划经济给了逃亡中的列宁启示，是社会主义计划经济的源头。在德国被英国实行海上封锁、阻断通商贸易后，无论实施怎样的计划经济，德国经济依然每况愈下。为了打开局面，1917 年 2 月德国强行实行“无限制潜艇战”，但并没有实现反封锁，还引起美国的参战，局势越发紧迫。因俄国爆发革命而摆脱东方战线的纠缠后（俄国于 1917 年 12 月休战），德国的状况也没有发生较大改变。

德国国内在军需优先的统制经济以及食品配给制度的基础下，国民生活越发紧张，国民的不满增强，引发了罢工、粮食暴动等。1917 年 7 月，帝国议会上通过了《和平决议》。德国想要通过军部的独裁体制克服危机，但是最后的赌注以 1918 年 3 月的西部大进攻的失败而告终。1918 年 8 月，军部放弃了对战争与国内的政治指导权；9 月，新政府提议即刻停战；10 月，按照同年 1 月美国总统威尔逊发表的“十四点计划”的和平提案路线，议会多数派组建了议会主义政府，但是依然没能实现整顿国内体制和同国际联盟进行和平谈判的心愿；11 月，德国以海军士兵叛乱为契机，推翻了帝制。

反战革命

与想要依靠皇帝的退位、换代来维持帝制的新首领马克斯的期待相反，皇帝并没有退位，这场看不到未来的战争还在持续时，承担战争的底层士兵及工人反对继续战争的革命爆发。10 月末，水兵激烈地抵抗并阻止了舰队的出击计划；11 月初，基尔港的士兵率先发动起义，要求释放以违抗军令罪而被逮捕的人们。这场运动也扩展到了其他的军港和城市，并卷入陆军士兵和工人，各地纷纷成立“劳兵评议会”，将革命组织化。随后，革命方在慕尼黑成立了社会主义政府，11 月 8 日，维特巴哈家的国王退位，紧接着柏林等地也发表共和国宣言，11 月 10 日，皇帝逃亡荷兰。

德意志的劳工评议会，和俄罗斯的苏维埃一样，是由士兵和工人管理自己的组织。但是与列宁以此为权力基础建立的苏维埃政府不同，德意志评议会对社会主义革命的行动积极性较弱。从马克斯处获得政权的社会民主党的艾伯特与多数党员一起，决议通过了改革而非革命路线，同党系的自由劳动工会也通过与经营方签订协议明确了资本主义体制内的改革路线。社会民主党和更加激进的独立社会民主党暂时平等的联合起来，成立了人民委员政府。在各地的评议会中，改革派都占据优势。12 月中旬，在柏林召开的全国劳兵评议会大会否定评议会体制，决定按照社会民主党的主张制定宪法、选举出国民议会。独立社会民主党退出政府，其最左翼（斯巴达克派）结成了德意志共产党。该党派最初以俄国式的社会主义革命为目标，但 1919 年 1 月发生在柏林的反政府行动遭到“义勇军”部队的残酷镇压。所谓义勇军是指在正规军队机能停止的状态下组建、由志愿者组成的军队组织，投入各地镇压革命势力的活动中。

2 月，国民议会避开不稳定的柏林，选择在图林根地区的古都魏玛召开，艾伯特被选为总统，社会民主党、中央党和民主党的联合内阁成立。接着，宪法制定工作开始，7 月底完成。在此之前，6 月 28 日，德国在凡尔赛宫镜厅签署了国际联盟议和条约。

《凡尔赛和约》与战争责任问题

《凡尔赛和约》提出德国归还法国在奥法战争中成为德意志领土、禁止征兵制以及缩小军备等各类问题，其中最出名的是最后定下堪称“天文数字”的1320亿金马克赔款。诚然，国际史上战败者赔款在战争外交中并不罕见，德国也计划从对方那里索取本国的战时国债赔款。但包含票面额与其他条件，这个金额依然超出人们想象。

比起金额大小，更令德国惊愕和激愤的是作为赔款的根据，战胜方将这场战争的责任全部加到德国及其盟国的头上（第231条），还提出引渡战犯的条款，这些条款史无前例。而且与惯例相反，德国并没有出现在谈判桌上，在战胜方的最后通牒下被迫接受。故虽说德国最终接受并签署了和约，却也为后来的国际安全埋下隐患。德意志历史学界甚至说整个学界，都想证明这场战争是德意志的防卫战争，而并非德意志一方的责任。并且，在这个问题上，西欧的历史学家们也对德意志产生了同情，不久就否定了德意志的单独责任。各国出于各自的理由“被拖入战争”，成为国际学界的共同理解。

费歇尔争论

第二次世界大战后，从一个意想不到的地方出现了一个异论。德国汉堡大学的历史学教授弗里茨·费歇尔，根据新的史料研究发表学说，将巴尔干的纷争转变为世界战争，德国应负决定性的责任，德国领导层一直追求的霸权主义领土扩张政策才是大战的真正原因（1959、1961）。这引起德国学界的一片哗然，掺杂着人身攻击的各种激烈言辞鹊起，1962 年留学时，我看到了其中一部分。

之后，虽然我没有专门去追踪这场论争的演进情况，但根据我的理解，可以说在有关德国负有重大战争责任这一问题上，费歇尔的学说得到了普遍认可。德国的权益扩张政策虽是事实，但不能仅将它视为德国内政、归因德国单独责任论，还是应当扩展视野，将其与常说的“德国特有道路论”联系在一起的话，会有更多的不同意见。德国特有道路论是指德国在西欧的发展并不“正常”，而是走上了一条“非正常的”“特有的”道路。

不管怎么说，德国学界传统的“防卫战争论”（这一理论极端化就是德国无罪论）已被否定。我们自然承认《凡尔赛和约》中的战争责任论，但也并没有对当时德意志人的反应报以冷笑。德国人的反抗确实有基于不了解实情而产生的误解，也有没有深刻考虑战败意义的大国意识的傲慢。不过，《凡尔赛和约》第 231 条中的“由胜者进行的单方面判决”却孕育了重大的立场问题。国际联盟中或许存在着认为德国并没有得到公正的对待的政治家，如果不这么看的话，就不能理解之后各国的行动。

❷ 魏玛共和国

魏玛宪法

1919 年 7 月通过的德国宪法（通常称作“魏玛宪法”），制定了与德意志帝国时代相同的联邦制国家体制，不过各联邦国废君主择共和，被纳入“州”。除此之外，州的权限缩小，德国变为高度中央集权的联邦制。议会虽为两院制，但相当于上院的参议院（州代表议会）权限较弱，实质上更接近国会（国民代表议会）一院制。该国会通过男女平等的普通选举产生，采取比例代表制度，故可以准确地将国民的意见反映到议会。另外，这种议会制度也导致了各种政党林立的结果。重视国民的意见虽然是有附加条件的，但也出现了如国民参与立法的国民提案和根据国民投票对法律进行表决的国民表决等直接民主制度。作为国家元首的总统由国民直接选举产生，总统拥有内阁的任免权、国会的解散权、非常事态下的紧急立法权等权力，魏玛宪法用直接民主主义对议会制（间接民主主义）进行了补充，配合总统制，成为相当复杂的民主制宪法。

除此以外，宪法还承认国民的生存权、社会权（人类基本的社会生活的权利），并将保护青少年和妇女作为国家的任务等，提出了和现代国家样式相关的“社会国家”的理念。虽然实际操作上存在诸多问题，但从重视“国民”的角度看，这部宪法被评价为当时世界上最民主的宪法也并非没有理由。

政治社会的现实

如果先入为主地认为民主宪法会受国民欢迎，那就错了。魏玛宪法由引领旧左派自由主义的民主党内政部长普鲁斯起草，以理论上的最佳制度为目标而制定，可惜民众认知却与之大相径庭。

归根结底，民众已经习惯了德意志帝国这一权威主义制度。由官僚政府主导下，德意志成为大国，其发展所带来的丰富收益也给了人们相应的回报和生活水平。德意志帝国崩塌、帝制消亡后，国家、社会的结构实际上并没有发生特别的变化，基本上并未向资本主义社会构造改变；官僚机构从中央到州，再到市镇村完全没有变化；政党关系除变更保守派的政党名称外，包括支持者在内的社会阶层均无重大变化。民众意识也还没有改变，在这样的情况下，突然政治的操作方式变为国民选举以及政党成为运营主体的议会政治。坦率讲，无论是国民还是各个政党都未能适应，议会政治并不成熟。

无论哪个国家，为了使议会制民主主义在国民中真正扎根都需要花费很多时间，法国也不是通过一次革命就定下来的。从历史的经验来看，至少需要半个世纪。德国国民的民主化过程晚于英法，尚处于不成熟的发展过程中。社会结构没有发生变化，在急速的意识变革中是负面因素，但反过来看它又是社会的稳定因素。在人们生活稳定的状态下给予德国一定时间，这个新的政治体制或许也能在国民中确立下来，然而魏玛·德意志并不具备这一条件。

战后的混乱

从广域视角来叙述历史的英国马克思主义历史学家霍布斯·鲍姆在其近著《二十世纪的历史》（［译］河合秀和）中加入“极端的时代”这一副标题，正可谓魏玛·德意志和

“一战”后混乱的写照。魏玛宪法下的共和国由社会民主党、中央党和民主党的“魏玛联盟”组成的政府执政，没多久便突然受到左右两翼政党的冲击。

1919 年 1 月，柏林革命派叛乱被义勇军镇压，对德国革命逐渐远离社会主义而不满的工人为了追求社会主义发起罢工，鲁尔地区以及萨克森等工业发展中心也受到了这次罢工的影响。慕尼黑出现了独立社会民主党艾斯纳率领的社会主义政权，艾斯纳被右翼暗杀后，该政权进一步左倾，建立了共产党政权，后被柏林政府派遣的军队以巷战击败。之后巴伐利亚和慕尼黑在反动的右翼政府下，突然一转成为右翼过激派运动的巢穴，在其右翼运动的一支中——一位叫希特勒的人物登场了。希特勒 1889 年出生于奥地利，曾经想成为一名画家，受挫后他经历了维也纳流浪生活，这一时期，希特勒成了狂热的反犹主义者，以及反犹主义的德意志民族主义者。大战前一年，希特勒移居慕尼黑，作为巴伐利亚军的一员参与战争，战后从事军队的思想统制工作，他由此接触到右翼运动。

1920 年后，《凡尔赛和约》生效，德国军队规模收缩，对此感到不满的一部分军队指挥者与卡普这位极右政治家联合在一起，发动了三月政变。他们指挥军队进入柏林并将政府赶走，当时的工人们遵从魏玛联盟政府的指令，罢工对抗卡普“政权”，最终摧毁了它。德国的政治局势相当不稳定。1921 年 5 月，赔款总额被定为 1320 亿金马克，政府以无法支付为由选择了辞职。之后继任的中央党总理维尔特一边采取“履行政策”应对支付赔款，一边谋求修改条约，可不仅是国际联盟没有回应，他在国内还受到反对派的攻击。同年 8 月，原财政部长埃茨伯尔格被右翼刺杀；1922 年 6 月，外交部部长拉特瑙被右翼刺杀。另外，通过打倒卡普“政权”重获自信的工人要求进行社会主义立法，并发起多次罢工。1922 年是共和国时期罢工记录（也包括雇佣方的停工）最多的一年，翌年竟发展为远超 1921 年的危机之年。

1923 年的危机

法国以德国不履行部分支付赔款为由，于 1923 年 1 月占领比利时和德国经济的心脏——鲁尔地区，接收当地的工厂和物资作为赔款担保。对于这件事，德国政府下令“消极抵抗”，要求所有的公务人员禁止服从于法军。不服从运动得到了企业劳资双方的支持，有条不紊地进行。德国失去了煤炭产地鲁尔，在这种窘境下还必须支持公务员和工人的生活，被迫增发货币，由于战时国债的发行导致从战争中就逐渐显现的通货膨胀，一下子以史无前例的态势爆发了。

马克的价值跌到了战前的一兆分之一，这场“天文数字”的通货膨胀，通过一种叫作“地租马克”的特殊暂时货币发行而奇迹般地得到控制。大家都知道，这场通货膨胀直接冲击了靠工资生活的人和靠退休金生活的人，大家所不了解的是这场通货膨胀的得利者。这一时代，拥有“实物”的人才是强大的，通过钻营获得巨大利益的人和企业其并不是少数，政府也借着通货膨胀得以大幅减少国家的借款。可这场通货膨胀同时造就了反政府、反共和国势力，似乎也是理所当然。

1923 年 11 月 15 日，地租马克生效。之前的 10 月，萨克森和图林根成立了有共产党参加的左翼政权。莫斯科的第三国际（共产国际，苏联共产党对各国共产党的革命运动指导组织）想让它成为德国革命的突破口，中央政府介入，推翻了这一左翼政权。11 月，慕尼黑还发生了“希特勒政变”。这个事件有着复杂的背景，很难简单地进行说明，硬要简单概括的话，就是右翼政党“民族社会主义德意志工人党”（NSDAP，即纳粹党）的党首，在慕尼黑拓展了一定势力的希特勒，拉着原参谋次长鲁登道夫和巴伐利亚的右翼政治家，想要发起一场“国民革命”武装政变，但是被同伙背叛而导致失败。希特勒被捕并被处以监禁，这件事还牵涉到巴伐利亚对柏林的分离主义，震撼了整个德国。

“相对的稳定期”

勉强渡过 1923 年的危机后，各国终于开始重新评估赔款问题，1924 年在没有改变赔款金额的前提下，制定了改善支付条件的“道威斯计划”。依靠从美国流入的资本，德国经济终于有了恢复迹象。另外，总理施特莱斯曼收束了鲁尔的消极抵抗后上任外交部部长，在他的努力下，1925 年签订《洛迦诺公约》，以西部国境不可侵犯为前提，改善了德国与法国和比利时的关系；1926 年，德国被准许加入国际联盟。

若从种种失败之处来看《凡尔赛和约》，诚然会发现诸多问题，这种观点并不错。近年来，学界对合约产生了一定的正面评价，认为它提出了一种超越国际联盟等之前大国间的帝国主义国际关系的全新国际秩序理念。可以说施特莱斯曼的外交，是通过外交上的“履行政策”，在满足《凡尔赛和约》国际协调主义的同时修改条约，力求提升德国地位。1929 年，施特莱斯曼签订了支付赔款的杨格计划，他的努力真切可见。

从 1924—1925 年到 1929—1930 年的世界大萧条为止，这五年间被称为相对稳定时期。与其前后的时期相比看起来像是更稳定，实际上并非如此。1923 年，施特莱斯曼卸任总理后，已经稳定的多数派内阁无法继续，接替的内阁一律都受少数派控制。1925 年，艾伯特突然去世后，原总参谋长兴登堡当选总统，政治右倾化。在这一过程中，各政党成为超越个别利益的国民政党，也强烈地倾向于代表某一特定利益集团。并且，右翼、左翼的各个政党都拥有各自的疑似军事组织，以此来互相彰显实力。在“稳定”的外表下，议会政治逐渐衰落。

虽说经济开始逐渐恢复，但德国经济达到战前的工业生产水平是在 1928—1929 年。另外，从战前就开始持续增加劳动力人口（1925 年，15—16 岁的人口占全国人口的 69%），稳定劳动人口的 5%—6% 处于失业状态（1926 年是 10%）。这个时代是“魏玛文化”的时代，在社会文化史中也被称为“黄金的二十年代”，曾经是旁观者的前卫者们自由伸展羽翼开展活动，以不特定多数公众为对象的媒体，如广播、电影等为基础，一气呵成地推广了现代化都市型大众文化。这个时代的年轻人同时面临着就业难的问题，不满情绪逐渐堆积之时，世界大萧条到来。

大萧条和纳粹的跃进

关于大萧条本身，我不得不忍痛略去叙述。当时德国的工业生产一落千丈，劳动人口的失业率在 1929 年是 8.5%，1930 年是 14%，1931 年是 21.9%，1932 年是 29.9%，以一种骇人的态势不断上升。德国处于非常事态中。

在这样的非常事态下，议会却早就无法正常发挥其职能，从 1930 年的布吕宁内阁开始，1932 年的帕彭内阁以及同年年末的施莱谢尔内阁，已经不再依靠议会，而是转向依靠总统大权来进行政治活动，即非议会主义的总统内阁。

其间，令人感到讽刺的是，希特勒的纳粹党以议会为基础扩大了势力。政变失败后，经历了短时间监狱生活的希特勒，在狱中写出展现其个人世界观的作品《我的奋斗》，出狱后将党的路线转向通过选举来扩大势力。这次路线转变取得了成功，进入萧条时期后，他们获得了对现有政党产生失望情绪的选民选票，取得了飞跃性发展，在自治体和各州一级稳固了自身地位，1932 年获得大部分州的第一大党地位。

纳粹党的武装组织 SA[1]，在武装斗争方面当然不比其他党的组织逊色。1928 年，在国会选举中纳粹党最开始获得了 12 个议席；1930 年 9 月，纳粹党在选举中一举获得了 107 个议席，成为德国第二大党；1932 年 7 月，纳粹党在选举中获得了 230 个议席，议席倍增，成为德国第一大党。虽

1 冲锋队，（德语：Sturmabteilung，缩写：SA），德国纳粹党的武装组织。

然在同年 11 月的选举中，纳粹党的议席减少到 196 个，但它已经成了谁都不能无视的庞大势力。其间，除了纳粹党以外，议席增多的只有极左的德国共产党，其他政党的议席都减少了。原本因没有积极的支持者而被称为“没有共和主义者的共和国”的魏玛共和国，已经处于被国民放弃的状态。

众所周知，总统兴登堡看不起希特勒，其实政界的这些人对没有背景而上位的希特勒拥有好感的定然不多，但是有人想要利用他的力量。在议会政治走不通、总统内阁也走不下去后，这种现实状况下催生了希特勒的现实势力与想要利用他的政治势力结合。1933 年 1 月 30 日，希特勒被任命为总理正是最好的证据。

希特勒的掌权

希特勒内阁先是和保守派组成联合内阁，除了作为副总理帮助希特勒游说兴登堡的巴本，还有作为经济部长、农业部长的国家人民党（保守党）党首的胡根贝格，以及很多专家阁僚，这些人大多数都看不起希特勒。但成为总理对希特勒而言并不是终点，只不过是最初的一步而已。希特勒在 2 月强行举行了大选，不仅是党的武装斗争组织，他还利用公权力封锁了在野党的选举活动，在选举运动中制造国会纵火案，用总统紧急令废除了宪法中有关基本人权的条款，大量逮捕被认定为放火元凶的以共产党为首的反对派。他还在新议会中提出“消除人民和国家痛苦”的“授权法”[1]，封杀反对力量使得该法成立。魏玛的议会制民主主义至此倾覆。

1　或称“全权委任法”。

③ 魏玛是否短命

魏玛的试行错误

对待历史的观点，我在林健太郎先生身上学到的最多，林先生的研究从近代史转为现代史过程中有一本叫作《魏玛共和国》的著作（现与《两次大战之间的世界》一起收录在《林健太郎著作集》中，山川出版社，第四卷）。这是一部篇幅虽不长，却能触碰到政治家微妙的心理活动，描写政治动向的一本好书，其中有一节给我留下了深刻印象。1928 年，时隔许久，德国终于又遵循议会主义成立了社会民主党的穆勒内阁。1929 年，经济危机开始，由于财政困难，德国不得不提高劳资双方的失业保险金缴纳额。在当时复杂的背景下，最初反对的资产家也妥协了，以穆勒为首的社会民主党阁僚中，除一人之外都主张施行该政策。但因为这个人强硬的反对态度，解决该问题还得通过同党的议员总会。在总会中，工会出身的议员高声反对并控制会场，最终社会民主党党议决定反对，首相穆勒也遵从该决定，到头来还是放弃了魏玛共和国最后的民主内阁。

林先生把这件事当作了社会民主党作为议会制的中坚力量但并不成熟的典型案例，认为穆勒缺乏作为政治家的真正领导力。我想也确实是这样。因为这是葬送魏玛议会制的决定性一步，是非常糟糕的一步。但是当我继续往下读的时候，就发现德国人真的是太固执了。对于这些不灵活的人们的试行错误，我想要多给一些时间。我非常痛切地这样认为。如果能把短命的共和国再延长一些时间就好了……但是魏玛共和国真的是短命吗？

魏玛是否短命

柏林自由大学有一位叫亨宁·科勒的现代史教授，我在这所大学做客座讲师教授日本近代史时与他结识，得赠科勒教授所著的《魏玛共和国史》（1981）后，我在阅读时受到了全新的冲击。他提出，比起探讨魏玛的没落原因和责任，难道不是更应该探究这个共和国为何会持续这么久吗？国会1920年失去多数民主制，1923年面临严重危机，即使共和国在这一时间节点崩塌的话也绝不奇怪。1930 年，伴随经济困难，前所未闻的大危机成为共和国的最后一根稻草。其合法性被质疑、国家结构设置也存在问题，此时，共和国的覆灭已无可避免。我们不如追问共和国为何会持续到那时，以及其理由，这些设问对我而言非常新鲜。

官僚制的功罪

作为“长久持续”的国内因素，科勒指出，法治国家的本质——并非民主传统——在德国扎根较为坚固。但从 SA 等暴力组织恣意妄为的角度来看，法治国家说很难立刻得到学界认可，与此现实部分重叠，我认为官僚发挥的作用很大。魏玛政府从革命时开始，为了打破国家的困难局面，需要专业官僚的协助，如前所述，从上到下完全没有触及改革官僚制。实际上，非常事态持续的过程中，国民生活却始终保持着相对的正常运转，其中官僚所发挥的作用绝对不是一点点。

当然了，官僚制也不是只有正面影响。林先生在上述著作中，提出官僚应该在新政府下井井有条地开展工作。但是官僚——特别是司法公务员之中存在极度保守分子，社会民主党政府没有破坏掉官僚制或许有着正当理由，但没有排除不安因子、没有改革官僚体制，对共和国而言才是致命的失败，这一评论可谓一针见血。反观希特勒在掌握了权力之后，马上将纳粹的力量部署到内政部门和警察相关的署长级别以巩固权力，或许也是他的厉害之处。这些官僚在纳粹时代、在纳粹政府下，依然能够井井有条地工作。不仅作为德国史的研究，为了探明官僚制的性质，我认为应该对这个时代的德国官僚制进一步深入研究。

第9讲

纳粹德国与第二次世界大战

1939年9月1日，在国会上宣告进攻波兰的希特勒

大事年表

1933 年	1 月希特勒就任总理。3 月“授权法” / 在达豪建立最早的集中营
1934 年	6 月“罗姆事件”。8 月兴登堡去世。希特勒“总统”掌握全部大权
1935 年	3 月宣布实施征兵制。6 月与英国的海军协定
1936 年	3 月进驻莱茵兰。8 月柏林奥运会
1938 年	3 月“吞并”奥地利。9 月慕尼黑会谈
1939 年	3 月占领捷克斯洛伐克，保护领地化。8 月德苏互不侵犯条约。9 月德军侵犯波兰。第二次世界大战开始
1940 年	4 月德军压制丹麦和挪威。5 月进攻比利时、荷兰。6 月进入巴黎。9 月日德意三国同盟
1941 年	6 月德国向苏联宣战、进攻。12 月德军在莫斯科前被阻止进攻 / 德国向美国宣战
1942 年	6 月德军对东部战线发动猛烈进攻。9 月斯大林格勒战役
1943 年	1 月德军第六军在伏尔加格勒投降。5 月在北非败退
1944 年	3 月德军从乌克兰撤退。6 月同盟军在诺曼底登陆。7 月“7.20 事件”。8 月同盟军进入巴黎
1945 年	3 月美军渡过莱茵河。4 月苏军冲入柏林 / 希特勒自杀。5 月德国无条件投降

1 纳粹德国的“国民革命”

一体化

“一体化（Gleichschaltung）”原本是电气工学的专业词汇，表示将电流一律“整流”，用于德国史中，是指纳粹强制将德国的政治制度、国民的政治生活彻底按照纳粹的标准一体化。希特勒在 1933 年 2 月 1 日的《告德意志国民书》中，号称重建“符合我民族精神意志”的“国民革命”，在当时是以国民生活的一体化形式进行的。

纳粹根据 3 月的授权法停止议会的机能后，将其他政党排除在外。共产党继续遭到压制、社会民主党被禁止活动，其他党被纳粹吸收或自行解散。紧接着，通过 7 月的“禁止组织新政党法”，否定了纳粹党（民族社会主义德意志工人党）以外的政党的存在。德国成为纳粹党的一党制国家。根据 3—4 月颁布的“为了各州和国家一体化”的两部法律，以及 1934 年 1 月颁布的“国家新编成法”，州被剥夺政治独立性，仅为整个国家的下属机构。德国历史上首次形成中央集权国家。

国民生活本身的一体化也在推进。劳动工会被迫解散，经营者、工薪阶层一起被重新编入统一的“德意志劳工阵线”。劳工阵线涵盖了九成的全部就业者，是纳粹意识形态强有力的教育组织，也是生活组织，以作为劳动者的多彩闲暇组织而引人注目并取得成功的“通过快乐获得力量（欢喜力行团）”为代表，纳粹化深入至人们生活的各个角落。一般不融入行会组织的公务员、知识分子们（“有教养的市民”）也被纳粹组织起来，如德国公务员公会、纳粹医师会、纳粹护士会、纳粹教师公会、纳粹大学教授会等。大学生的纳粹学生同盟成为“国民革命”的马前卒，青少年也自然加入“希特勒青年团”。

依靠这场“国民革命”形成的纳粹“民族共同体”，犹太人被排除在外。遭受恐怖袭击已经是犹太人的日常，通过 1935 年 9 月的“纽伦堡法令”又被剥夺公民权，并且被禁止与德国人通婚乃至发生性关系。纳粹认为，这是为了守护德国人的“血统”。之后，在以 1938 年 11 月“水晶之夜”（是指在纳粹党的指令下集体性袭击打砸犹太人的商店，其玻璃破碎的样子）为象征性顶点的迫害之下，大量的犹太人被迫亡命。大约 50 万的德国犹太人，有 36 万人死于第二次世界大战爆发前。

领导者国家

推进一体化的同时，纳粹党最初也未必是铁板一块。纳粹党创立时确立的“二十五条纲领”与“民族社会主义德意志工人党”的党名一样，是德国民主主义与某种“社会主义”以及反犹主义强行结合在一起。从依靠民族自决实现“大德意志”，为了养育国民而要求扩张领土、驱逐犹太人的政治要求，到否定不劳而获和利息奴隶制、扩充养老制度、百货商店国营化的“社会主义”要求，复杂繁多、毫无章法。希特勒本人早就将其中“社会主义”部分抛弃了，但是党员之中还有一些人执着于这一部分。

另外，纳粹党组织专门根据“领导者原理”，以其他服从党的最高指挥者（“总统”）希特勒个人命令的形式发展起来。党内实际上包含各种各样的集团，以及党的武装斗争组织“冲锋队（SA）”，随着党的活动扩展到全国，冲锋队成为与正规国防军竞争的一大军事组织，在党内呈现半独立的状态。其领导者罗姆是党内“社会变革”路线的代表者，希特勒想要与国防军的关系正常化，最终对这位老战友以“叛国罪”肃清。这是发生在1934年6月30日的“罗姆事件”，希特勒亲自指挥“党卫队（SS）”逮捕罗姆及其他冲锋队的领导者以及前总理施莱歇尔将军等政敌，射杀90人。

此后，纳粹党在领导者希特勒的带领下完全一体化。这一领导者原理不只运用在纳粹党内部，从经济界企业内的经营指导到国家领导、州及自治体的官僚制都被渗入，其结果就是确立了总统的地位。希特勒最初是纳粹党领导者的称号，担任总理以后称为“总统兼总理”，1934年8月兴登堡总统去世后，其称号原封不动合并了总统职务，希特勒进而掌控了军队最高司令权，还将“最高裁判权”握到手中。“授权法”颁布后，立法权已经归希特勒所有，他集立法、行政、司法三权，并拥有军队司令权，成了真正意义上的独裁者。1939年以后，他只自称“总统”。虽然也有宣传部长戈培尔、经济部长沙赫特等大臣，但阁议几乎不召开，1939年以后更是一次也没有召开过。至此，德国成为“领导者国家”。

这个独裁国家当然也拥有压制国民抵抗的暴力机构，早在1933年3月，慕尼黑附近的达豪便设立了最早的集中营，4月设立了名为“国家秘密警察”的“盖世太保”。自由驱使二者并执行暴力统治的是“党卫队（SS）”队长兼德国警察长官的希姆莱。

经济与国民生活的活性化

这种专制政治的政权在德国扎根，并非只是依靠暴力机构。纳粹达成了使国民生活受益的“业绩”也是不可否认的事实，经济活化和失业消失算是例证。

在经济正好陷入谷底，正上行好转时，掌握政权不可谓是非常幸运的机会（不管是德国还是美国的经济触底，都是在 1931—1932 年出现转折的）。但是，纳粹的创造就业政策也确实是对症下药。1933 年开始的高速公路建设，成为依靠大规模公共事业创造工作机会的古典经济学成功事例；1935 年导入征兵制以后的军备扩张政策，也自然成为经济的强烈刺激针剂。将青少年集中到劳动营地，以低廉的工资使其劳动的“劳动服务”[1] 者和士兵一样，具有在统计上减少失业者的效果。用接近“女性回归家庭”的意识形态，使其从劳动力市场离开的女性也一样。即使考虑进这些因素，其成果仍然值得惊叹，1932 年德国失业率基本达到 30%，1933 年为 25%，1935 年为 10%，1938 年为 1.9%。实际上，外国也都非常惊叹。如果德国的工业生产指数以 1929 年为 100 的话，虽然 1933 年降到了 66，但 1934 年却增长到

1 纳粹德国为解决失业问题而设立了劳动组织“帝国劳动服务团”，参加者义务参与公共劳动。

83，1935 年为 96，1936 年顺利恢复为 107，1937 年为 117，1938 年为 125。

德国的经济增长获利最大的部分攥到国家手中，德国的军事扩张也依靠其支撑。不过国民方面也切实得到了红利，劳动者的实质报酬以 1936 年为基准年，之前的 1933 年为 87.7，1936 年为 100，两年后的 1938 年为 107.5。并且，通过闲暇组织“欢喜力行团”，德国的劳动者可以用打折票观看戏剧、鉴赏歌剧、周末旅行、在旅游地避暑，乃至乘坐专用客船去外国周游航海等享受生活，这是从前无法想象的。为低收入者、单亲母子家庭提供帮助的福利事业也毫不欠缺，或许德国国民在纳粹“民族共同体”中感受到“新时代的民主主义”，也并非不可思议的事。

《凡尔赛和约》的“修改”

继而，是令人目眩的外交政策上的成功。这在很大程度上基于希特勒个人判断和决策，他最初采取修改《凡尔赛和约》的路线，与此前德国外交的目标相似，并无意外性。不同的是，此前未能实现的目标由希特勒实现了，并且没有给外国干涉的空间。

1933 年 10 月，德国退出日内瓦裁军会议和国际联盟，各国震惊。虽然德国当时处于外交孤立状态，但是没有遭到进一步制裁。6月，英国与德国签订海军协定，规定英德海军在吨位上的比例，承认德国扩充海军。

1936年3月，德国国防军进驻莱茵兰。莱茵河左岸的莱茵兰是《凡尔赛和约》中规定的非武装地带，在赌上与法国开战的这场博弈中，法国虽然动员了军队但是没有采取进一步行动。8月，柏林奥运会召开，德国以独一无二的形式向全世界彰显了国威。

1938年3月，奥地利被德国“合并”。奥地利保守派首相舒士尼格为了抵挡希特勒，效仿意大利的墨索里尼，以其独裁下的法西斯体制为目标，采取否定议会制并驱逐纳粹的独特路线，但是其抵抗最终还是失败了，奥地利被德国强行吞并。但是，对吞并一事，奥地利国民中持欢迎态度的要远远多于持否定态度的（4月的国民投票中99.9%赞成）。希特勒在《我的奋斗》开头所讲的关于德奥合并这一他赋予自身的历史使命，令人印象深刻。该“使命”就此完成，实现了建立“大德意志帝国”的夙愿。

从慕尼黑会谈到第二次世界大战

德奥合并是将“民族自决”这一《凡尔赛和约》的基

本理念反手用于德国民族自治，对于此举，外国没有提出抗议。

如果希特勒就此止步的话那该有多好——可惜这样的“明智判断”在希特勒那里行不通。连喘息的空闲也没有，希特勒就将下一个目标对准捷克斯洛伐克，并采取了行动。捷克斯洛伐克和德国围绕苏台德地区（德意志人多数居住在捷克斯洛伐克外侧边缘与德国的边境地带）的德国人待遇问题，已经处于战争前夜的危险境地。1938 年秋，在希特勒的恐吓下，战争一触即发，由外国介入进行“调停”。9 月末，英法德意四国首脑进行慕尼黑会谈，捷克斯洛伐克被排除在会谈之外，会议决定将苏台德地区割让给德国。会议通过承认德国的“民族自治”要求来安抚德国，主导这一“绥靖外交”的英国首相张伯伦在回国后，因守护欧洲和平，受到英国国民的极大欢迎。

如果希特勒就此止步的话那该有多好——希特勒至此依然没有停止行动。1939 年 3 月，他撕毁慕尼黑协定进攻捷克斯洛伐克，将捷克斯洛伐克划为德国的“保护领地”（斯洛伐克“独立”成为德国的保护国）。进而，向波兰要求收回根据《凡尔赛和约》割让的“波兰走廊”（德国“本土”和东普鲁士地区间所夹回廊地带）。

至此，欧洲各国转变态度，商定支援波兰。于是，希特勒于 8 月，抢在试图与苏联共同行动的英法前面，闪电般地同苏联缔结《德苏互不侵犯条约》，令世界震惊。该条约包括分割波兰，划分北、东欧势力范围的秘密协定。条约缔结后的 1939 年 9 月 1 日，德国进攻波兰，3 日，英法对德宣战。由此，第二次世界大战开始。

希特勒为何如此冒进？这在了解他的世界观之后才能理解。

❷ 希特勒的世界观与第二次世界大战

希特勒的世界观

《希特勒的世界观》详细分析了希特勒《我的奋斗》等著述以及其诸多演说、谈话等言论，其作者埃伯哈特·耶克尔指出，希特勒虽然不是精密的理论家，但作为其行动基础的世界观十分鲜明。

其支柱之一是，历史归根结底是围绕世界控制权的种族乃至民族（对这两个概念他并没有严密区分）之间的斗争，即“种族斗争史观”。人类的生存空间有限，斗争即围绕当前“生存圈”的民族斗争，德国的“生存圈”首先需要“俄国及其周边国家”。

除了种族间的斗争之外，还有各民族和犹太人的斗争。希特勒认为犹太人自己没有建设国家，依靠其他民族，是侵害其他民族的“结核”“鼠疫”，这是他自维也纳时代以来一直坚信且从未动摇的狂热信念。种族斗争史观并不是特别新鲜的理论，“优秀”种族排除“劣等”种族成为领导种族的社会达尔文主义也不是希特勒发明的；德意志民族的“生存圈”需要东方，也继承了第一次世界大战以来在德国广为传播的“中欧思想”；反犹主义同样和基督教的历史一样古老。这些理论单独看来毫无新意，以世界（首先是欧洲）的控制权为目的的斗争和对犹太人的斗争相互矛盾（塞巴斯蒂安·哈夫纳在其入门级著作《解读希特勒》中提出，犹太人极为和平，为德国的发展做出了贡献，希特勒的反犹主义将原本的伙伴变成了不必要的巨大敌人），希特勒使各种斗争极端激化。

希特勒的思想也在不断地“发展”。表现之一是他最初以修改《凡尔赛和约》为政治目标，后来跃进到获得东方“生存圈”；另一个表现是由于反犹主义通常是种族性反犹主义（反宗教主义），因此这是对“犹太国际主义”斗争的“提高”。这些复杂繁多的反动性“思想”，在隐藏着一种巨大破坏力的“世界观”中结晶。

希特勒之所以成为希特勒，正是因为他不仅是计划的制定者，还是坚决实行计划的政治家。一定要征服苏联，在那之前，首先是波兰，然后是法国。希特勒的决策是根据状况而调整的，并非每一个都排好序号，等待一一实行。但是，为打倒犹太布尔什维克获得东方“生存圈”而出动“十字军”，这一最终目标在战前就已经成为希特勒心中不可动摇的目标。

希特勒将其思考付诸行动。

压制西欧

希特勒推测，即便进攻波兰，英法也不会出手，两国对德宣战是希特勒意料之外的。不过英法都没有做好战争的准备，德军在 9 月末占领了华沙，波兰被德苏两国瓜分，东面被苏联军队侵占。

希特勒想要掉头立刻进攻西侧，但军队指挥部认为这一决定过于鲁莽而拒绝执行，实际发动进攻已经是冬天过后的 1940 年 5 月 10 日。德军兵分三路，一路突破荷兰、比利时进攻法国，与第一次大战时不同，这次是德军以破竹之势突破了法国的抵抗，6 月 14 日占领巴黎。6 月 22 日，以和平派贝当元帅为总理的法国政府同德国签署了休战条约。法国北半部被德国占领，南半部以中部法国的疗养地维希作为据点，委以贝当政权，采取同德国的协调体制。

另外，进攻法国之前，德军在 4 月侵入并控制了北欧的丹麦和挪威。6月开始，英军撤离大陆，同月10日，见此形势，意大利站到德国一方参战；9月27日，日德意签署三国同盟。除了英国，德国已经在事实上完全压制了西欧。至此，如果趁势而为，以德国为中心建设欧洲新秩序也是不无可能的（法国也有一些势力准备支持这一方案）。但是，希特勒在12月就早早发出了进攻苏联的作战准备命令。英国不在欧洲大陆，美国尚未介入欧陆的战争。希特勒表现得非常着急，虽然有人担忧，但最终没人能抗拒希特勒的命令。

征服苏联的失败

1941年6月22日，德国撕毁互不侵犯条约，以包括同盟军在内的360万兵力奇袭苏联。苏联遭遇突然袭击，战线一路崩溃。10月初，德国发动对莫斯科的总攻击。但是希特勒似乎太小看苏联了，原本计划以短期战斗解决的德军并没有准备冬装。尽管有1812年拿破仑大败的前车之鉴，希特勒依旧重蹈覆辙。德军迫近莫斯科时，俄国的冬天开始了，希特勒妄图短期决战的计划失败了。

希特勒的战略是在短时间内征服苏联，短期决战失败几乎意味着整个战争的失败。事实上，当时作战指导部已经承认了这点，军需负责人向希特勒建议以政治方式结束战争。

对美宣战之谜

但是，希特勒没有停止战争。不但没有停止，还配合日本攻击珍珠港（12 月 8 日），于 12 月 11 日对美宣战。三国同盟并不代表德国有义务配合日本参战，在压制苏联失败的窘境下，德国对美宣战，为美国提供对德参战的机会，难以做出合理解释。即便是专门研究这段历史的学者，也有很多人不能理解德国到底为什么对美宣战。其中有这样的解释，因无法避免对美战争而采取主动，类似于“败者掷色子”的形式（克肖）；还有我最近读到的一两篇论文中也提出新的看法，1941 年 8 月，英美首脑举行会谈并签署了《大西洋宪章》，给希特勒带来了巨大打击。从那时起，希特勒就一转态度，从某种意义上讲对美宣战是理所当然的结果（耶鲁扎克）。我认为这一论题尚未得出定论。

战败的不可避免与“另一场战争”

1942 年 6 月，在英军对德国本土进行大规模轰炸的过程中，德军发动了以俄国南部卡夫卡斯油田为目标的大型攻势。但是，这一进攻被阻挡在伏尔加格勒，虽然德国投入的第六军冲入市内展开凄惨的巷战，但最终被苏军包围。1943 年 1 月末，第六军耗尽了战力和战意，最终投降。

有人说，在莫斯科攻略失败的 1941 年底，最晚在 1942 年的夏末，希特勒应该已经完全清楚了这场战争会不可避免地走向全面失败。但是，希特勒还在继续战争。从 1941 年、1942 年的某个时候开始，希特勒似乎改变了其战争的意义，统一为消灭犹太布尔什维克这一目标的两个战争相分离。随着失去军事上胜利的希望，获得“东方生存圈”也变得不可能，对希特勒而言，“最终解决犹太人问题”成为战争唯一的意义，战争本身也演变为牺牲敌我双方士兵，不断延长的战争状态罢了。

纳粹大屠杀

希特勒的犹太政策大致表现为三个阶段的升级过程。最初是剥夺犹太人的公民权，使用暴力强迫犹太人移民国外；其次是开战后，计划将全欧洲的犹太人驱逐（强制移民）到应该会成为德国委任统治地的马达加斯加岛，这一计划未能实施；最后是“最终解决”，即将波兰及其他东欧犹太人大量赶入华沙等犹太人区。当然，这一举措有着“解决”迫在眉睫不得不出此下策的因素，不过最根本的还是希特勒的“世界观”。另外，一些研究者指出，该决定与战局的发展密切相关。最终决定何时下达众说纷纭，据说 1942 年 1 月，相关人员在柏林郊外万湖畔聚集的时候（在这次会议上进行了相关省厅间的调整），就已经决定了上述基本方针。

战争结束前，在犹太人区、各地的集中营被饿死、射杀、毒杀以及使用其他各种形式杀害的欧洲犹太人多达 560 万—590 万。被杀的不只是犹太人——犹太人大屠杀前，或者说“二战”前，德国约 7 万精神障碍者被“安乐死”；也不能忘记受害的约 50 万辛提人和罗姆人（吉普赛人）；波兰牺牲士兵 60 万，民间人士除 300 万犹太人之外还有 300 万人牺牲；苏联死亡士兵 1360 万，民间人士 600 万。士兵并非全部战死，超过 500 万人的俘虏中，有 300 万人是被饿死的。希特勒严令不能将波兰人和俄国人作为相同的人类对待，听起来毛骨悚然，却是当时的事实。

德军的战死者、下落不明者有 500 万，伤者有 400 万，民间人士死亡 50 万。根据维克那的论文，“二战”的最后一年，战死者是战争前四年的两倍以上，令人再次扼腕叹息。

1945 年 4 月 30 日，希特勒在苏军迫近的柏林总理府地下室里与情妇爱娃自杀。5 月 8 日，德国在同盟军面前无条件投降。

③ 为何那个德国人……

为何出现希特勒

孕育出歌德、席勒的德国为何还产生了希特勒这样的人呢？对德国史比较感兴趣的学生就希特勒动机提问时，其实可以从这个问题中得到大部分回答。即便不是研究纳粹的专家，既然讲授德国史，就不能对这个问题避而不谈。

首先，必须承认德国当时的整体状况十分异常。从纵向的时间来看，第一次世界大战前德意志帝国发展壮大，跃居世界帝国，与魏玛共和国的凄惨形成了堪称绝望的对比与强烈的反差。纵观世界史，还没有哪国国民体会过在短期内如此极端的落差，其遗留的心灵创伤非常深刻。从同期横向的国际形势来看，魏玛共和国也是个异样的存在。普通的政治社会中体制内既有进步派也有保守派很正常，其周围存在否定体制的极左、极右势力某种程度上也属于正常（或者说完全没有的社会才不正常）。可是反对体制的人多于支持体制的人，这样的社会毫无疑问是异常的。这个异常的社会又陷入骇人听闻的经济萧条之中，完全看不到出路，为了突破这一状况，出现希望强有力的领导者的论调并非不可思议。

根据领导者原理在希特勒手下集结，宣传希特勒作为德国救世主的纳粹党就此踏上历史舞台，异常的状况扩大了异常的运动，可以说希特勒和纳粹的强盛的确是魏玛所置身的历史场景的产物，绝不是仅凭单一状况就能被动产生的。希特勒不仅是用暴力镇压反对者，还用政治、经济、外交上的“成果”回应了国民的期待，并据此剥夺批判势力的批判权力，进一步提高自身的权威和权力并加以巩固。希特勒具有被评价为“催眠师”的独特口才，经常显示出超越“专家”的“光彩”，其个人的政治嗅觉也不应该被过低评价。

历史上的个人作用

“历史上的个人作用”对于历史学家来说是一个古老的新问题，归根结底，其存在于时势造英雄还是英雄造时势的辩证法之中吧。被研究的个人根据不同的评价方法，以各种姿态出现。战后，希特勒 = 纳粹主义的研究，先是以探究将德国推向地狱的希特勒的特异性为方向进行的（我的学生时代还是这样的）。那之后，将他的权力以“结构性”来衡量，据此研究认为，希特勒的权力是周围各势力集团的竞争产生的，甚至有人认为他实际上是“软弱的独裁者”。就算是通过控制变量的研究获得了一些成果，不过这有些过于无视“历史的实感”了。所以最近，出现了从运动与现实状况相互影响的关系去探究希特勒“领袖魅力统治”的观点（伊恩·克肖，[译]石田勇治，《希特勒权力的本质》），可以说讨论已经回归理性。

正如克肖所指出的，通过国民支持寻求统治正统性的领袖魅力统治，依靠惊人的接连成功才能维持。其中自然蕴含着无法停止运动的原动力，缺少“制动器”（拿破仑的统治亦是如此，正如第6讲所写的那样，梅特涅为了拯救拿破仑而要求他“自制”，但拿破仑了解自己权力的本质而拒绝了这一要求）。因此对于领袖魅力型统治者，其“制动器”只能从更高层级中寻找，可这通常是对新型政治运动的过激化感到危险的保守“统治阶级”和传统“统治精英”应该发挥的作用，在德国，这个“刹车”机构显然没有起到任何作用。至于其原因，生活在这个时代的西班牙哲学家——奥特加·加塞特的观点给了我们重要启示。

“大众的反叛”

曾在德国学习过的加塞特（1883—1955），在日本以《大众的反叛》（1930）的作者而广为人知。“右翼希望革命，左翼倾向专制”是这一时代的欧洲社会论，身为文化贵族主义者的加塞特认为，欧洲陷入危机的核心在于大众本应被懂得义务、重于权利的精英引导，但却排挤掉精英想要登上统治地位。在这里，他所称的“大众”并不是指工人，而是指不了解义务只主张权利，以平均化为目标，将自己的要求强加于人，并通过暴力革命试图将其实现的人。带来法西斯主义和布尔什维主义或许是他所定义的“大众”，但加塞特指出，这其实是 19 世纪欧洲文明创造出来的群体。

名为“技术官僚”的大众

加塞特提出，欧洲文明的推动者是现在这个时代的领导阶级，即技术官僚（“工程师、医生、财会、教师等专业人员”，以及作为最高专家的“科学家”），他们正是“大众的典型”。为何这么说呢？因为他们不知道从整体上看待自己引以为豪的专业，又因专家的傲慢而听不进别人的话。“他们在象征着今天的大众统治的同时，也构成了其大部分”

（［译］桑名一博，《奥特加著作集》）。

正因如此，加塞特才会严厉地控诉培养出这样专家的19世纪欧洲大学，特别是领导世界的德国大学——他所热爱的德国大学。“专业研究占据大学支配地位的倾向是大学的巨大不幸。最重要的是文化修养，可因为这个倾向，文化修养被大学排除在外”（［译］井上正，《大学的使命》）。加塞特所谓的“文化”，是指无论在什么时代，都能够引导人生的理念体系。如果大学要培养真正意义上的精英，那么培养学生的文化修养才应该是大学本来的使命。

在德国，真正意义上的统治精英意外的势单力薄。贵族的精英将校施陶芬柏格上校及其同志保守政变的尝试（1944年的“7.20事件”）虽然为时已晚，但也算是部分挽回了其名誉。

第10讲

从分裂到统一的德国

雕版画《圣安东尼》（St. Anthony），丢勒

大事年表

1945 年	5 月德国宣布无条件投降。6 月建立盟国对德管制委员会。德国以及柏林被分为四个占领区，施行军事统治
1947 年	1 月美英开始合并占领区
1948 年	6 月西占区开启货币改革 / “柏林封锁”。12 月柏林东西分裂
1949 年	5 月西占区颁布联邦德国基本法 / 苏占区颁布民主德国宪法。德国东西分裂
1955 年	5 月联邦德国恢复主权并加入北约 / 民主德国加入华沙条约组织
1959 年	11 月联邦德国社会民主党通过《哥德斯堡纲领》
1961 年	8 月民主德国修筑“柏林墙”
1968 年	4 月民主德国制定新版德意志民主共和国宪法
1969 年	10 月勃兰特担任西德总理，承认两个德国的存在
1972 年	5 月两德政府签署交通运输协议
1973 年	6 月两德关系基础条约生效（1972 年签署），两德开启共存关系
1974 年	10 月民主德国修订国家宪法，删除“德意志民族”等相关表述
1980 年	1 月联邦德国成立全国性政党“绿党”
1985 年	5 月联邦德国总理魏茨泽克发表纪念“二战”结束 40 周年讲话，解释“克服过去”的含义
1989 年	7 月民主德国市民开始逃往西德。11 月“柏林墙”倒塌

续表

1990 年	8 月两德政府签署德国统一合约。10 月统一德国正式诞生
1993 年	11 月欧盟（EU）成立
2002 年	1 月欧盟的共同货币“欧元”正式流通

1 被占领并一分为二的德国

分割占领

1945 年，盟军占领下的德国被分为四个占领区，根据盟军事前约定，美、英、法、苏四国占领军的驻军总司令掌握各自占领区的统治权，德国由此进入军管状态。另外，尽管柏林地处东部的苏占区，但同样被分割为四个占领区。盟国的对德管制委员会（成员为四国驻军总司令）就设立于此，并拥有最高统治权，负责整个德国的事务。

然而，未过多久，这种占领体制便陷入僵局。围绕战后的世界秩序，东西世界的对立也影响到了德国的占领政策，特别是战后赔偿问题打乱了四国共治的步伐。苏联由于战争受损惨重，将获取战争赔偿放在首位，而美英两国考虑到“一战”战后处理的失败教训，主张以复兴德国经济为先。不同的诉求导致盟国对德管制委员会早在1946年就陷入运转不畅的窘境。1947年，美英两国将各自管理下的占领区合并为“双占区”，之后法国占领区也加入，这样，西侧的三占区与苏占区形成了对峙的形势。这就是当时的主流局势。

两个德国

西占区推动的货币改革，是导致德国最终走向分裂的导火索。1948年6月，作为重振德国经济的金融基础措施，西占区进行了货币改革，用新马克代替旧马克作为流通货币。为了与之对抗，苏联也在苏占区发行了新的流通货币。至此，原本作为各占领区经济纽带的统一货币失去了流通性，导致德国在货币上乃至经济政策上都被一分为二。不仅如此，苏联不承认西占区马克在西柏林的流通，进而封锁了柏林与西占区的陆上交通，造成了危机事态（“柏林封锁”）。西占区通过大规模空运物资的策略渡过困境，并于一年后成功解除了封锁。然而，战后三年走到这一地步，德国的一分为二看上去已无法避免。

一方面，盟军占领下的德国，其政治活动始于各占领区的州级、市级、县区乡村行政区。曾经面积最大的普鲁士州，因被视为德国军国主义元凶被盟军下令解体并重新分割成数个小州。1948 年，西占区在占领国的支持下，由各州议会代表组成的议会委员会审议了新的宪法，制定出基于联邦制及议会制的新宪法（《基本法》）。该宪法经各州批准后于 1949 年 5 月正式生效，这意味着，以莱茵河畔小城波恩为首都的西德，即德意志联邦共和国正式成立。

另一方面，苏占区也筹备了新宪法，并于 1949 年 10 月正式生效。该宪法属于人民民主主义宪法，规定人民议会为最高权力机关，统一社会党（共产党吸收社会民主党而成）在议会中确保了领导地位。该宪法的颁布代表着苏占区成为东德，即德意志民主共和国的诞生，首都为柏林（东柏林）。

自此，两个德国登上了历史舞台。在这一时期，双方并没有放弃将来再次统一德国的愿望。东德的宪法原则上适用于全德国，而西德之所以称其宪法为“基本法”，也蕴含了想将其作为未来全德统一宪法确立前的临时宪法这一层含义。事实上四十年后，该基本法名称不变、原封不动地成为德国统一后的宪法。就这样，东西德国各怀统一愿望，着手建设经营各自的国家。

❷ 两个德国的对峙

联邦德国的发展

有个词叫“零点时刻[1]”，用在战败后的德国身上很恰当，也可描述德国人当时的凄凉心境。毕竟前一刻还在享受“大德意志国”的无上荣光，后一刻就不得不面对帝国崩塌的残酷现实。柏林、科隆和德累斯顿等城市变成一片废墟的照片，记录了德国战后的惨状。事实上，从战前开始，德国四分之一的房屋都处于不能修复的损坏或坍塌的惨状。

但是，根据最新的研究统计发现，美英占领区在 1945 年时的工业资产值仍高于 1936 年时的水准，这显然表明，战

1　原文为シュトゥンデ・ヌル（時刻零），德语原为Stunde Null。1945年5月8日，纳粹德国签署无条件投降协议书，翌日0时生效。纳粹德国体制崩溃，德国发起的第二次世界大战结束，战后历史开启，故称“零点时刻”。

后德国的经济生活并不是字面意义上的从“零”开始。联邦德国更是依靠“马歇尔计划”（美国的欧洲经济复兴援助计划），获得了大量的援助（1948—1951）。复兴德国是复兴西欧经济的关键，作为成功的经济政策且渐渐被神化的“社会市场经济”（一种兼具国家调节和市场平衡的自由市场经济，是联邦德国经济政策的关键词），当然是联邦德国经济发展中不能忽视的因素之一。不过，我认为战后联邦德国的“经济奇迹”更多的是各种要素相互融合，彼此作用的结果。

联邦德国在经济方面实现了奇迹般的复兴，可占领军最初的目标，即经济上的去纳粹化、去垄断化、土地改革（农场重组）等社会改革，执行得并不彻底，或许可以说是改革本身脱离了最初的设想。政治体制上，我认为联邦德国是深刻吸取了纳粹主义在魏玛共和国抬头的教训，彻底实施了去纳粹化。各个州拥有实质性的州政府和议会，摒弃中央集权的联邦体制，正是去纳粹化的具体表现。另外，随着普鲁士州的分割重组，联邦德国治下的九个州（1957 年，萨尔州加入后变为十个），除了汉堡和不来梅这两个城市外（西柏林属于副州级），其他各州面积大致相当，实现了以往未有的区域均衡。

联邦德国的中央政权不是由总统掌控，而是集中在联邦政府及议会两院——国民代表构成的联邦议院和州政府代表构成的联邦参议院，且规定选举得票率低于 5% 的小型党派不能进入联邦议会等，都是为了维护稳定政党政治的手段。政党中除了保守派联合的基督教民主联盟（CDU）和重建的社会民主党（SPD）两大政党外，也同时存在着代表左派自由主义的自由民主党（FDP），国家的政党结构已相当合理。另外，基督教社会联盟（CSU）虽然在巴伐利亚州是一个独立的保守党派，但在联邦议会层面，它与基督教民主联盟（CDU）共同组成党团同盟（CDU/CSU）。

阿登纳作为基民盟（CDU）主席，正是他一手通过纵横联合各党派，确保了联邦德国政权的长期稳定，将新生的德意志联邦共和国带入正轨。他执政的基本理念就是坚决贯彻作为西方阵营一员的国家立场，努力提升联邦德国的国际地位。他自知站队西方会对当时的两德关系产生不利影响，但仍然积极地采取"携手西方"的一边倒外交路线。在阿登纳执政时期，联邦德国于 1955 年摆脱盟国控制，获得了彻底的独立，并同时加入北大西洋公约组织（NATO）重启军事活动。一边携手西方开展外交活动，一边对民主德国实施反共政策，这就是联邦德国战后政治的第一阶段。

民主德国的苦难

与联邦德国相比，民主德国之所以处于劣势，不是因为国土面积更小（民主德国是联邦德国国土面积的 44%），也不是因为未获得马歇尔计划的援助，而是由于其未被战争摧毁的工业设备原本可作为战后复兴经济的基础资本，却被苏联作为战争赔偿拆迁一空所导致的。

回顾德国东西分裂的过程，我们会感觉到是联邦德国率先一步走上了分裂德国的道路。相反，是东侧的苏联一直在努力维持统一的占领体制。但是，苏联这样做的出发点，并不是为了德国的利益，而是出于自身利益的考量（当然，西侧三国的所作所为也是为了本国利益）。具体地说，苏联希望维持四国共治，这样才能获取整个德国的战争赔偿。毕竟相较而言，苏联因纳粹德国所遭受的战争牺牲远远超过西侧三国，所以不难理解其意图获取更多战争赔偿的心态。总之，当统一的占领体制崩溃后，苏联只能向苏占区，以及后期的民主德国那里寻求战争赔偿了。

苏联拆除了民主德国的大多数工厂，将设备运往国内。包括煤气、上下水等管道设施，以及铁路设施。如果是双向铁路线，则拆除一侧的轨道和枕木。有的地方仅有单向铁路线，则苏联宁愿停运铁路，也会拆走设施。这些物资作为战争赔偿被运往苏联国内，能不能被有效利用也是值得怀疑。但毫无疑问的是，民主德国的经济复兴因此从一开始就处于劣势。而这场工业设备拆迁运动直至 1947 年才大致结束。另外，苏联接管了民主德国部分重要企业，直至 1952 年都在组织生产苏联国内所需要的物资。

民主德国经济上的去纳粹化和土地改革比联邦德国更为彻底。百公顷以上的大农场均被没收，并分配给小农耕种（后期以农业生产合作社的形式再度整合）。德国保守主义的背后靠山——大地主贵族容克阶层和纳粹分子一起被彻底清理，整个社会发生了深刻变革。不过政治体制上，民主德国的民主化未能成功，斯大林式的苏联体制占据上风。高度中央集权的县级管理体制代替了有名无实的州级管理体制，且在统一社会党的一党专政下，逐步形成了党机构代替国家机构的体制。这一切的指导者就是自莫斯科回国的乌布利希，他也是统一社会党的首任书记。1960 年，民主德国第一任总统皮克去世后，乌布利希废除总统制，作为国务委员会主席并兼任国家元首。

在乌布利希的带领下，民主德国自 20 世纪 50 年代之后便全力建设社会主义国家。工厂企业归人民集体所有，农业也走集团化路线。1953 年 6 月，过于苛刻的劳动制度引起了工人们的大规模罢工和抗议活动（史称六一七事件），而苏联发生的批判斯大林运动也短暂动摇了乌布利希的政治地位。但他成功渡过了上述危机，确立了属于自己的独裁体制。乌布利希作为一名个性极强的政治家，对苏联的安排并不全部言听计从，学界对他个人的评价也褒贬不一。但毫无疑问，由他领导建立的强大秘密警察机构（斯塔西，即民主德国国家安全部）已成为民主德国最大的负面遗产。

当然，民主德国的社会主义建设之路并不是一帆风顺的，反对者纷纷逃往联邦德国。截至 1961 年，从民主德国迁到联邦德国居住的逃脱者多达 250 万。1961 年 8 月，民主德国突然着手修筑“柏林墙”，而柏林（仅此处仍为四国占领体制）正是普通人逃往联邦德国的唯一通道。显而易见，这是为了防止人口的流出。

六〇年代——初探马尔堡

我第一次踏上德国领土是在 1962 年的秋天，也就是“柏林墙”诞生的第二年。在那之后，直到 1965 年秋，三年间我都在联邦德国中部城市马尔堡学习生活，那是一座宁静的大学城。这是我初次体验德国生活的一段经历，却给我留下了很多深刻的印象。其国民的生活富裕程度远超日本，却又信奉合理主义，不容忍一丝马虎，比如学生的交通优惠，就只能上学时使用，休息日则无效。在国际关系方面，联邦德国与对抗多年的宿敌法国化敌为友，同修“蜜月”，国民关系十分融洽，两国于 1963 年缔结友好合作条约。

如今在日本，群众往往将德国视为“克服过去”的典范，但就当时而言，由于受到东西方冷战的影响，德国并未给出答案。大家一说到纳粹时期的话题，就变得缄默无言。曾经有学生告诉我，历史老师在课堂授课时，会刻意避开近代史，而选择主讲古代史。他还说：“坂井，只能等到下一代才能解决历史认识这个问题了！”

我感到整个德国都弥漫着一种氛围，那就是如果可能，大家都想穿越到纳粹之前，重新改写历史，避免德国走上纳粹之路。我在马尔堡的大学生活也深受这股社会风潮的影响，处处洋溢着“古典时代”的人文气息。教授拥有绝对的权威，而师徒关系更让人联想到中世行业公会中的工匠与徒弟（这并非都是贬义）。

另外，我也感受到联邦德国社会中发生了一些新变化。由于阿登纳总理过于僵硬的一边倒反共政治路线越走越窄，到 1963 年时，联邦德国“经济奇迹”的缔造者，被认为更包容更开明的经济部长艾哈德取代了阿登纳，成了联邦德国总理（虽然他的执政结果与大家的期待截然相反）。另外，虽然联邦德国的议会政治体系长期稳定，但议会过于核心且排斥小党派，又不具备全民投票的制度，这导致国民只有在四年一次的总选举时才能参与政治活动。对于如此彻底的间接民主主义政治体制，民间的不满情绪日益高涨，有学生曾说过，“联邦德国的国家主权不在国民而在议会”。当时马尔堡大学政治学系有一名民主德国移民而来的教授叫作阿本德罗特，他是联邦德国极为少见的马克思主义者，很多对政治现状不满的学生都会去听他的讲座。1965 年，因抗议《紧急事态法案》，阿本德罗特教授和众多学生一起参加了马尔堡市民集会运动。之后，诸如此类的市民运动在各地涌现，越来越多的市民开始参与议会选举之外的政治运动，后来成立的代表反核环保的市民政党“绿党”便与此密切相关。1968—1969 年，还爆发了大规模的学生运动，只不过那个时候我已经离开了马尔堡。

“七〇年代”——再访西柏林

自 1974—1975 年的冬季学期至 1975—1976 年的冬季学期，三个学期共计一年半的时间，我作为日本史讲师任教于西柏林的柏林自由大学。当时大学的争端十分激烈，教学助手升任大学校长的组织改革也时有发生。总之，柏林自由大学的氛围与当初我在马尔堡大学时的氛围完全不同。马克思主义和“反体制”思想成为时代主旋律，这与我的大学时代，也就是 20 世纪 50 年代的日本颇为相似。我所在的历史学系相对来说属于保守派别，但反左翼的评论家法西斯主义学者恩斯特·诺尔特教授经常会和左翼学生通过墙报的形式进行激烈的争论。

政治环境也发生了转变。社会民主党的勃兰特总理推行的“新东方政策”起了决定性作用。1959 年，社会民主党制定《哥德斯堡纲领》，放弃了马克思主义的阶级意识形态，在基民盟与基社盟的联合统治（1966—1969）结束后，终于在 1969 年与第三大党自由民主党联合获得选举胜利，赢得了执政权。勃兰特总理在上台后，从率先承认民主德国的国家主权出发，推行新东方外交政策。他通过签订两德之间的基础条约[1]（1972 年签署，次年生效），为两国实现共存发展奠定了基础。又先后与苏联及东欧各国缔结邦交正常化及友好条约，大幅改善了联邦德国与东方各国的关系。1974 年我到西柏林的时候，当地民众已经对民主德国的存在习以为常，反倒是我还拘泥于过去的政治禁忌，显得格格不入。当然，联邦德国并不是忘记了统一两德的任务，但要等双方相处融洽时才能推进，只能留待将来解决，正如勃兰特当初预

1　译者注：《关于德意志联邦共和国和德意志民主共和国之间关系的基础条约》。

估的那样。1975 年，社会舆论调查结果显示，仅有 1% 的联邦德国人仍将统一德国视作当时最大的政治课题。

这些在 20 世纪 60 年代完全不敢想象的变化，在勃兰特执政时期实现了。1974 年春，勃兰特因其秘书为民主德国间谍这一不幸事件而辞职，同为社会民主党的施密特继任联邦德国总理，一直执政至 1982 年。但我们可以认为，是勃兰特与施密特所代表的社会民主党政权为战后的联邦德国开启了政治上的第二阶段。理想主义的勃兰特与现实主义的施密特，联邦德国能有这般政治人才，让人不由感慨一切宛若天助。

民主德国的国家发展

1961 年，民主德国通过修筑“柏林墙”阻止了人口的不断流失。工厂企业的“人民所有化”，即国有化进程早在 50 年代就已大致完成；60 年代起，逐步推广农业的集团化，即生产合作社制度；到 70 年代初，落后的金融流通行业也完成了社会主义化改革。与此同时，国民在国家（党）制定的计划经济模式下，开展各项经济活动。

民主德国的社会主义化进程有条不紊，成果显著，在此背景下，民主德国于1968年颁布实施了新宪法[1]，将国体性质定义为“德意志人民的社会主义国家”。1974年，进一步修订宪法，将德意志民主共和国定性为“工农的社会主义国家”。这次修改宪法的最大特征是删除了文中关于“德意志民族”“德国人”的语言表述（仅在国名保留），意在传达民主德国与联邦德国已经毫无关系，不再是同一国的意图。

透过这一系列动作，可以看到战后民主德国的确走上了独立自主建设国家的道路，同时也能看出民主德国政府对自身的社会主义化进程充满自信。“柏林墙”确保人口不再流失后，民主德国与苏联及东欧各国建立了贸易关系，以此为中心取得了经济的长足发展。到20世纪70年代，民主德国的国民消费水平虽仍不如联邦德国，但与战后初期相比，国民生活已相当富裕。正如前文所述，民主德国的国家建设相比联邦德国，起步时已身处劣势。现如今取得如此成果，我们应该给予积极评价。可以说，民主德国的“红色经济奇迹”绝不是单纯的文字表述。

只是，这种“奇迹”的背后，夹杂着诸多无奈。一方面，民主德国国民因为被禁止前往联邦德国，只能选择与东方世界搞好关系；另一方面，昂纳克取代乌布利希成为民主

1　译者注：《德意志民主共和国宪法》。

德国的最高领导人，他充分利用国家和党的威信，不惜采取有违经济规律的财政政策，来提升国民的生活水平，完善社会保障制度，对工人阶级的住房和食品等生活必需品也要求低价稳定供应。在此模式下，一个人从出生到死亡，只要服从政府的安排，就可以享受有所保障的人生。

当然，就像苏联的计划经济因过于僵硬的政治体制而陷入僵局一样，进入 20 世纪 80 年代后，民主德国经济的收支平衡也明显出现了裂痕。

❸ 统一的德国与欧洲

两德统一之路

自 1989 年 11 月 9 日“柏林墙”倒塌，到 1990 年 10 月 3 日两德统一，那段跌宕起伏的历史岁月无法在此一一描述。当民主德国国民高喊的抗议口号“我们才是国家的主人”，在“柏林墙”倒塌之后变成了“我们都是德国人”时，意味着抗议的焦点已从民主德国的民主化问题转为了两德的统一问题。在此，我将针对统一进程中的两个重要认知，提出自己的想法。

第一，德国统一问题绝不仅仅是德国的问题，是事关外交乃至国际关系的问题。从两个德国分属东西两大阵营、从对抗走向再统一的历程来看的话，这显然是毋庸置疑的。但我想提醒大家的是，不能只看到 2+4 协议签署方式（两德统一若想获得国际认可，那统一协议就需要四个盟国同时签署同意）体现了国际合作，更要认识到，当一个新的大国将要出现在欧洲大陆时，以四个盟国为首的欧美各国政府对此基本上是持善意态度的，这才是关键。

不夸张地说，如果不是老对手法国不计前嫌，放弃德国威胁论，转向支持德国统一；如果不是苏联戈尔巴乔夫总书记（后任总统）认可民主德国改弦易辙，投入西方世界，那么两德的统一是无法实现的。这一方面归功于主导统一的联邦德国在战后成功实现民主化，并长年与西欧各国保持着积极的外交关系，另一方面也要感谢联邦德国勃兰特总理推行的新东方政策，促进了与东欧各国的互信互赖。这些因素对两德的统一起到了历史性的作用。

第二，是两德统一的“内部”手续问题。联邦德国基本法第 146 条规定，此基本法于德意志民族基于自决制定新宪法时失效。第 23 条还规定，此基本法适用于新加入的州和地区。从作为联邦德国临时宪法的《基本法》的性质来看，明确的做法应是通过制定新宪法来实现统一。但为了早日实现德国统一，双方并未按照《基本法》初衷执行第 146 条规定，而是选择执行第 23 条规定，由民主德国解体为五个新州和一个新城市柏林，然后以加盟联邦德国的方式完成了德国统一，简言之就是联邦德国吸收兼并民主德国。

促成德国统一的功臣，隶属基督教民主联盟的联邦德国总理科尔为了早日实现统一大业（大部分是单方面强行推动）而选择规避《基本法》第 146 条规定，这也导致进步派猛烈抨击他不遵循正当的民主程序。但是我认为，彼时民主德国已面临国家崩溃，国际时势走向亦不明朗（果不其然，1991 年，也就是德国统一的第二年，苏联发生了针对戈尔巴乔夫的军事政变），身处那种状态，科尔的抉择也是不得已而为之。当时，我脑海中频繁显现的是 1848 年法兰克福国民议会所留下的失败教训，当他们还在花费时间讨论审议新版统一宪法的时候，国内外周边环境已发生了不可逆转的变化。

民主主义与联邦制

虽然两德的统一结束了德国多年的分裂历史，但不代表问题也会随之消失。伴随统一而来的是社会成本、经济成本的高腾，这种变化加剧了两德民众之间的心理落差，所造成的负面隔阂至今存在。对此，本章无需再做细节表述。

另外，看似偃旗息鼓的德意志民族主义，却时有死灰复燃的迹象，这说明该问题也未能得到彻底解决。德国虽然把握住历史性机遇，将原本分裂的国家重新统合为一，但如何充分发挥统一性国家的积极作用，是德国所要面临的新课题，也是新挑战。

但我认为，德国可以完成这个挑战，这个回答自然而然地在我脑中浮现。至于为何会有这种想法，我将在此阐述个中缘由，同时也是本书最终章节的核心。

简言之，成熟的民主主义是德国解决各种问题的利器。成熟不是一蹴而就的，是从 19 世纪至今的漫长历史长河中逐步演变而成的。法国大革命时，德国第一次直面民主主义问题，自那之后，对于常常伴随着群体性事件的民主主义，德国的立场与其说是支持，不如说是总持有怀疑态度，其结果就是诞生了代表权威主义的德意志帝国。第一次世界大战结束后，德意志帝国走上崩溃，继而诞生的魏玛共和国率先尝试民主之路，但结果却是恶魔般的纳粹法西斯登上了历史舞台，这导致人民越发怀疑民主主义的可行性。正如本书中描述的那样，战后联邦德国的民主主义，不过是由议会彻底掌控的间接民主主义，这也是 60 年代末期年轻一代举行抗议示威运动的症结所在。我认为只要大致梳理一下历史，就会得出以上结论。

这场年轻一代的抗争，对德国修正国家路线起到了推动作用。而年轻人的抗争不仅仅存在于德国，但很明显，德国通过积极的对应政策化险为夷，是处理这类抗争最合理的国家之一。

经历了漫长的历程之后，如今的德国政治社会已具有极强的包容性。在民主主义走向成熟的过程中，也不能忽视德国联邦制所发挥的作用。在德国的联邦制下，各州拥有各自的议会和政府，甚至在《基本法》框架下制定了独立的宪法。内政的很多方面，特别是文教政务等领域，各州具有绝对的权限。因此，国民在州级行政单位下就可以获得参政的机会。“绿党”等党派，就是通过先进入州级议会的途径来积累政治经验的。另外，基督教民主联盟（CDU）和社会民主党（SPD）这两大政党，即便在国家层面属于在野党派，仍可在州级政府以执政党的身份推行自身的政策。实际上，当年轻人的抗议示威在全国爆发时，各州的对应政策并不一致。基督教民主联盟（CDU）占主导地位的州，传统大学制度基本上都得到了保留，而社会民主党（SPD）领导下的州政府却允许学生参与大学改革，做出了多种尝试，这就体现了各州的多样性。毫无疑问，这样的联邦制为德国的民主主义带来了独特的灵活性，为民主主义走向成熟提供了支撑。

除此之外，德国联邦制也为欧洲联合带来了新的启发，“区域化欧洲”模式应运而生。欧洲以欧盟的形式联合发展，原本作为绝对政治单位的国民国家所占政治比重相对减少，与此伴随的是，之前隐藏在“国民国家”背后的各个地区纷纷登场，高扬各自的政策旗帜。原本属于“英国”[1]的苏格兰和威尔士于1999年成立各自的地区议会，宣布实行地区自治正是典型事例。作为欧洲联合体所要面临的课题，“联邦制欧洲”不仅仅是各个国家的联合，更应该以“区域”为地方自治单位，具备区域联合的性质。这样一来，各个“区域”的政治模板正是德国的联邦州。

德国与欧洲

以德国为中心，奥地利、瑞士、荷兰、比利时等中欧国家大都属于联邦制国家，这明显都是神圣罗马帝国的历史遗产。一般认为欧洲是诞生“国民国家”的典型区域，其先进代表就是法国和英国，但欧洲也是联邦制这种国家政体的起源地，其先进代表就是德国。

18世纪初，最早提出欧洲联合思想的圣皮埃尔这样写道：“比起德意志帝国（神圣罗马帝国）的建立，欧洲一体化的建立并不是难事。我们要做的仅仅是将小范围的德国模式复制推广到整个欧洲而已。”（出自《永恒的和平方案》）

1　全称“大不列颠及北爱尔兰联合王国”。

很可能，圣皮埃尔的梦想将成为现实。

这里所言及的欧洲联合，并不是权威主义德意志帝国的欧洲扩大版，而是大小不一的许多国家以一定的法则组建联合、友好共存的大欧洲。如果是这种模式，德国无须做过多改变，就可以自然而然地加入并对欧洲做出贡献。

致力于将德国的发展与欧洲的统一相结合，并为此作出巨大贡献的联邦德国及德国前外长根舍，平时非常喜欢并引用托马斯·曼所说的一句话："我们追求的是欧洲的德国，而不是德国的欧洲。"表达了德国将与欧洲相向而行的愿望，统一德国在欧洲一体化进程中，将以"欧洲的德国"这一身份参与其中，也是我心之所望。

后 记

本书与柴田三千雄的《法国史10讲》、近藤和彦的《英国史10讲》一同，尝试用“10讲”的形式讲述历史并呈现给读者。这一想法是由柴田三千雄提出的，“10讲”在保持学术水平的同时，紧凑地叙述各个国家和社会的发展状况。三位执笔者和岩波书店商量后，决定先以上述三本书为开始（应该还会陆续出版其他国别史）。最初本来是希望先出版柴田先生的法国史，诸多原因，我这本先问世了。

“10讲”的性质用一句话来概括的话，就是高度凝缩了作者各自的历史见解、关注视角的通史，虽是概述性质的小历史书，但绝不是简单缩写。之所以这样说，是因为仅用十回无法详尽讲述各国的全部历史，各讲之中讲什么？如何讲？正是发挥各位作者个人风格与独特视角之处。我如此理解并写下自己的“10讲”。或许与期待不符，我没有写出什么特别的见解，只是努力将自己心中多年酝酿、理解的“德国史”，用一种自然的语言讲述给大家。

我决定学习西方史——尤其是德国史，是在1953年（昭和二十八年），高中三年级的暑假。在那之后，我非常幸运地如愿走上了这条路，至今正好半个世纪，走过整整五十年。其间，我并没有拘泥于“专业”，虽然我对18世纪到19世纪德国的政治、经济、社会、文化等各个方面都进行过研究，但对我而言，从事历史研究，调查研究过去发生的事不过是理所当然，更重要的问题是如何捕捉这些已发生的事情所编织而成的历史动向，以及如何做出自己的“德国史”。我从研究之初就有了这些考量。

其实任何一个国家的历史从这个角度来说都一样，就是德国是什么样子，只看德国是无法全面理解的。即便不从“世界”的大视角来看，但至少要从欧洲视角来看德国的现状与历史，然后再用自己的方式对其进行确认，这是我近年来的心得。并且，我——这种时候总是这么做——利用大学的讲义，将自己的调查和想法一点、一点地写成文字。撰写始于1994年在圣心女子大学的系列讲座“德国与欧洲”，后来按照顺序先后讲了“宗教改革时代的德国与欧洲”“绝对主义时代的德国与欧洲”，勉强完成了“世纪末”前的讲座。我不久即将退休，在那之前想稍稍加快速度，研究到当代，然后将所有内容进行总结，整理成书，因此当接到

“10讲”策划案的邀请后，就决定稍微“提前”一些进行总结。本书就此而成。

因此，本书以“欧洲中的德国”为基本视角，阐述不同时期自然的历史脉络，希望读者可以理解。另外，迄今为止还没有从这一视角书写的德国史，所以在写此书时，参考文献主要是我自己的讲义。非常巧合，就像是要配合我撰写本书似的，山川出版社出版了《世界历史大系》丛书，有英国、法国、德国、俄罗斯国别史（各三卷），以及《世界国别史》的新系列也全部出齐，查阅方便、难能可贵，为我提供了参考。

下面，对于各讲及其参考文献作简单的补充说明。

第1讲中的“条顿堡森林战役”战场遗址研究主要是我自己的见闻和一些学习所得，其他德国古代史的内容，参考了山田欣吾所著《从教会到国家——古代的欧洲》（创文社，1992）一书的许多内容。第2讲的基础是堀米庸三所著的《西方中世纪世界的崩溃》（岩波全书，1958）。这是我上大学时学习过的讲义，后来出版成书，将德国中世纪与地中海世界联系在一起的想法也来源于此。第3讲多亏有费迪南德·赛普特的《查理四世》（慕尼黑，1978）[1]，我辅修

1 *F.Seibt, karl IV., München 1978.*

过欧洲大学史，从很早以前就思索查理四世建立的布拉格大学与他的帝国经营策略之间是否存在某种联系，但没有人把它当作一个问题，我觉得非常不可思议，但赛普特回答了这个疑问。第 4 讲到第 7 讲根据我的讲义写成。第 5、6 讲是我狭义上的专业所在，第 7 讲和第 8 讲、第 9 讲，稍微超越了我的专业，写了很多个人见解，也提出了很多问题，希望能得到批评指正。另外，在第 7、8、9 讲中，参考文献尽量写在了文中，受本书的性质及篇幅所限或许并不完全，敬请谅解。

正如我最初写的，我立志学习德国历史是 1953 年的事，所以请允许我把战后德国半个世纪的历程作为我半生的“个人史”来写。第 10 讲的基础是我自己的观察，能够将德国的分割和再统一这一世界历史事件作为自己的亲身经历写下来，作为历史学家，我认为这是非常幸福的事情。

我想对一直以来照顾我的所有人表示感谢！

最后，请允许我以这本小著祝贺林健太郎先生卒寿。[1]

2003 年 1 月 坂井荣八郎

1　90岁。

图书在版编目（CIP）数据

德国史10讲 /（日）坂井荣八郎著；龚娜译. -- 北京：中国工人出版社，2021.4
ISBN 978-7-5008-7633-5

Ⅰ.①德… Ⅱ.①坂… ②龚… Ⅲ.①德国—历史 Ⅳ.①K516

中国版本图书馆CIP数据核字（2021）第060921号

著作权合同登记号：图字01-2020-2578

德国史10讲

出 版 人	王娇萍
责任编辑	董佳琳
责任印制	栾征宇
出版发行	中国工人出版社
地　　址	北京市东城区鼓楼外大街45号　邮编：100120
网　　址	http://www.wp-china.com
电　　话	（010）62005043（总编室）
	（010）62005039（印制管理中心）
	（010）62004005（万川文化项目组）
发行热线	（010）62005996　82029051
经　　销	各地书店
印　　刷	北京盛通印刷股份有限公司
开　　本	880毫米×1230毫米　1/32
印　　张	8.125
字　　数	140千字
版　　次	2021年5月第1版　2023年4月第3次印刷
定　　价	46.00元